ブックレット《アジアを学ぼう》別巻 ㉓

或る中世写本の旅路

イブン・ハルドゥーン『イバルの書』の伝播

荒井悠太

風響社

裏表紙：ザーヒル写本第一巻の扉
(Süleymaniye Yazma Eser Kütüphanesi, Damad İbrahim Paşa 00863 : fol. 4a)

地図1　北アフリカ略図

凡　例

1　アラビア文字のローマ字転写法は以下の通りである。

’, b, t, th, j, ḥ, kh, d, dh, r, dh, r, z, s, sh, ṣ, ḍ, ṭ, ẓ, ‘, gh, f, q, k, l, m, n, h, w, y.

二重母音は aw, ay, iy、短母音は a, i, u、長母音は ā, ī, ū を用いる。

オスマン語、現代トルコ語の表記法は以下の通りである。

a, b, c, ç, d, e, f, g, ğ, h, ı, i, j, k, l, m, n, o, ö, p, r, s, ş, t, u, ü, v, y, z.

2　アラビア語の定冠詞は al- とする。カナ表記は「アル＝」とするが、イダーファ以外の定冠詞はカナ表記を省略する。後続の太陽文字により l が転訛する場合はカナ表記を「アッ」または「アン」とする。例外として『イバルの書』*Kitāb al-‘ibar* はイダーファだが『アル＝イバルの書』とはしない。また「アブド」にはじまる一部の固有名詞は、イダーファの前後を繋げて表記する。

例：Ibn al-Athīr　イブン・アル＝アスィール　al-Maghrib　マグリブ
Ṣalāḥ al-Dīn　サラーフ・アッディーン　‘Abd al-Raḥmān　アブドゥッラフマーン

3　引用訳文中の〔〕は筆者による補足、() は同一語句の言いかえを示す。

4　文中の参考史資料は、研究文献の場合は［著者名 出版年：(頁数)］で示し、史料の引用の場合は［書名、頁数］、事典の項目の場合は［書名、項目名（項目執筆者)］で示した。書名は巻末の一覧に略称で示した。

5　固有名詞のカナ表記方法については、基本的には原語の発音に準じた。アラビア語とオスマン語もしくは現代トルコ語の双方を含む場合は両言語のカナ表記方法を併用することがある。また一部の訳語について、特に重要と思われる用語については原語を示すため、初出箇所のみカナ表記によるルビを付した。

例：Ibn Khaldūn　イブン・ハルドゥーン　Ḥammūda Paşa　ハンムーダ・パシャ
Ahmet Cevdet　アフメト・ジェヴデト　al-Muqaddima　「序説《ムカッディマ》」

或る中世写本の旅路――イブン・ハルドゥーン『イバルの書』の伝播

荒井悠太

はじめに

エジプト、と聞けば多くの人がまず想起するのはピラミッドであろう。次いでスフィンクス、太陽の船、カルナックやアブ・シンベルといった古代文明の遺産・遺跡であろうか。古代の膨大な遺産を展示するエジプト考古学博物館はカイロの中心部たるタハリール広場に面し、連日大勢の観光客で賑わっていた。その展示品の多くを引き継ぎ二〇二一年に開館する大エジプト博物館のプロジェクトには、日本からの技術協力も行われている。メディアではしばしば古代文明の特集が組まれ、一般向けの書籍も多数刊行されている。

古代文明に比べれば、主としてイスラームを奉ずる中世以降の時代やその文化は日本では少々馴染みが薄いかも知れない。しかしひとたび現地へ足を運べば、それらがいかに人々の暮らしに深く根を下ろしているかに気付く。空港からカイロ中心部までの一時間足らずの道中にも、モスク（礼拝堂）のドーム屋根や尖塔が至る所に聳《そび》えているのが目に入るだろう。数百年前に造営されたモスクや廟にも今日なお人々は集い、談笑し、礼拝や断食明けの食事を共にする。イスラームの聖典クルアーンを厳かに読みふける者もあれば、鼾《いびき》をかいて午睡に勤しむ者さえある。

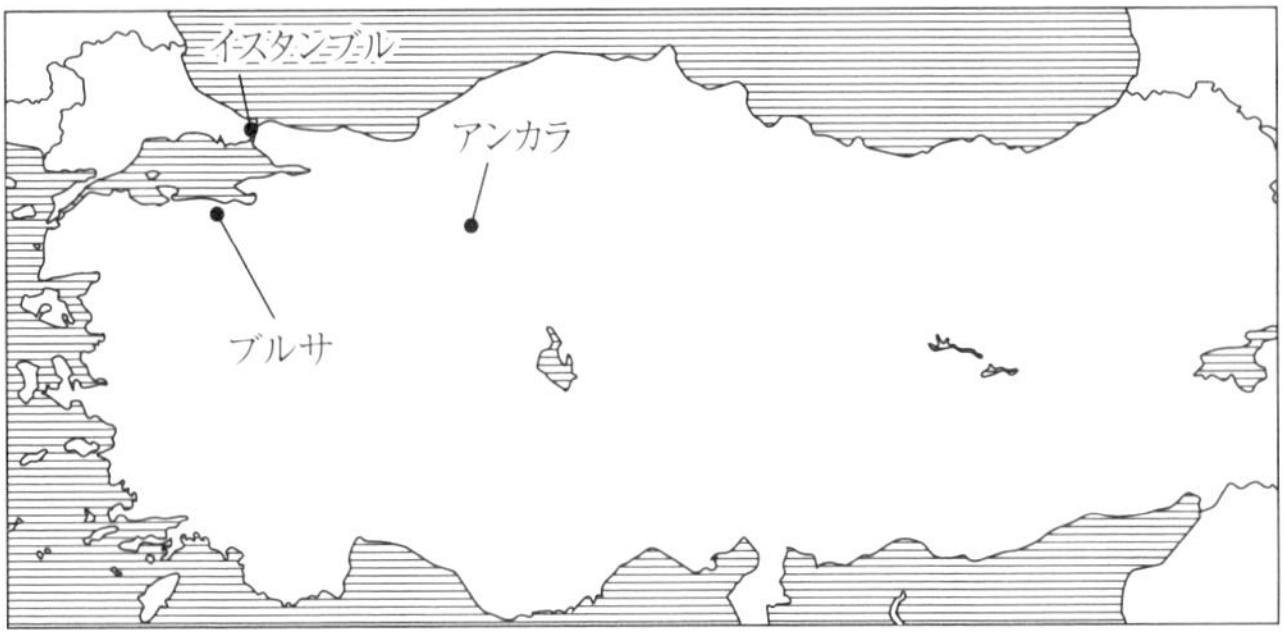

地図2　アナトリア略図

七世紀の軍司令官アムル・ブン・アル＝アースがナイルの東岸に軍営都市《ミスル》を造営して以来、この地はイスラーム諸政権の政治的・経済的・文化的中心地の一つとして繁栄を謳歌してきた。この軍営都市はかつてフスタートと呼ばれており、現在の呼称であるカイロとはファーティマ朝四代目のカリフ、ムイッズ（在位九五三—九七五）が遷都に際して命名した、勝利者を意味する「カーヒラ」からきている。

ファーティマ朝は預言者ムハンマドの娘ファーティマの末裔を称し、アラブ王朝に数えられるが、その後にはサラーフ・アッディーン（在位一一六九—一一九三）に始まるクルド系のアイユーブ朝（一一六九—一二五〇）、次いでトルコ系を主とする奴隷身分出身の軍人「マムルーク」が政権を担うマムルーク朝（一二五〇—一五一七）が成立するなど、政治権力はアラブ人の手を離れていった。しかしアラビア語での著述活動は衰えず、これらの時代にも多くの文筆家が輩出した。エジプトやシリアでは大部な歴史書が幾つも編纂され、多様なジャンルの文学作品が現れた。マムルーク朝の繁栄は一五世紀の後半には翳りを見せていたが、それに終止符を打ったのは、オスマン朝の君主セリム一世（在位一五一二—一五二〇）によるエジプト征服であった。オスマン朝の一州として編入されてからもエジプトの政治的・経済的重要性は依然高かったが、イスラームの文化的中心は次第にオスマン朝の首府イスタンブルに移っていった。

一五世紀から一六世紀は、オスマン朝の版図が大きく拡大した時期である。

一四五三年にビザンツ帝国を滅亡させ、名実ともに強国の地位を築き上げたオスマン朝は、マムルーク朝やイランのサファヴィー朝（一五〇一—一七三六）と政治的には敵対する一方で、アラビア語・ペルシア語の書物を積極的に収集した。それらを通じて吸収された知識を活用し、ムスリム君主としての統治理念の理論化を進めたのである。バヤズィト二世（在位一四八一—一五一二）、エジプトの征服者セリム一世とその子スレイマン一世（在位一五二〇—一五六六）はいずれも文芸や学問に大いに関心を抱き、各地に図書館の設立を推進した君主であった。

本書はこのような時代に産み落とされた学問的遺産の一つである、あるアラビア語史書の足跡を辿るものである。それは一四世紀の末にエジプトで完成をみた後、やがてオスマン朝に伝わり、イスタンブルから各地へ、ついにはフランスを通じてヨーロッパへと、数百年の時を経て伝播していった。しかもその構想はエジプトからさらに西方のマグリブで練られたものであり、完成の後にはエジプトからマグリブにも伝わり、読み継がれてきた。活版印刷技術の未発達であった時代、これらは手作業で筆写された「写本」と呼ばれる形態をとり、時に政治的、時に文化的交流を通じて伝播していったのである。この書物の名は『イバルの書』、その著者はイブン・ハルドゥーンという。

イブン・ハルドゥーン研究と本書の目的

本書の目的を一言で述べるなら、歴史的実在としてのイブン・ハルドゥーン（一三三二—一四〇六）とその思想の伝播を、写本という「モノ」を手掛かりに跡付けることである。しかし、そのような作業が必要なのは何故であろうか。また、なぜイブン・ハルドゥーンをその対象として取り上げるのであろうか。その背景を予め紹介しておきたい。

イブン・ハルドゥーンとは、ハフス朝（一二二九—一五七四）が支配する北アフリカのチュニスに生まれ、政治家・歴史家として活躍した人物である。後年にはエジプトに移住し、司法や教育にも携わった。その生涯は政治的栄達と失脚の連続であり、波乱に満ちた生涯のなかでカスティーリャ王ペドロ一世（残忍王、在位一三五〇―一三六九）やティムール（在位一三七〇―一四〇五）といった、世界史に名を残す大物を相手にしての外交交渉も経験した。その代表作である『イバルの書』は全七巻に及ぶ歴史書であり、とりわけその第一巻である「序説《ムカッディマ》」は、『歴史序説』或いは『世界史序説』の名称で世界史の教科書等にも取り上げられている[1]。彼はこの「序説」のなかで、歴史学のあるべき方法論を論じ、続いて「ウムラーン」という概念を固有の主題とする独自の学問的枠組みとして「人間社会の学問《イルム・アル＝ウムラーン・アル＝バシャリー》」を提唱したことで知られている。また第二巻から第七巻までは人類の歴史の叙述に充てられている。こちらでは、人類をアラブ人やベルベル人などの民族ごとに区分し、それぞれの世代、王朝ごとに歴史を整理するという独特の方法が採られている。

「ウムラーン」とは civilization、culture、society、social organization などと訳される概念である。日本では専ら「文明」の訳語が用いられているが、イブン・ハルドゥーン自身はこれを、人間が共同で居住し、共同生活を営むことであると説明しており［*ʻIbar* I: 66-67］、人間の集合、転じて社会を意味する語「イジュティマーゥ」とほぼ同義に用いている。このことから、本書ではこれを「社会」と訳すことにしよう。イブン・ハルドゥーンはこの概念の研究を通じて、人間社会に付随する「諸状態《アフワール》」とその変遷に精通することの必要性を提唱した。歴史学の方法論が併せて論じられているのは、様々な時代・地域・民族の社会の諸状態を知るために必要となる情報源、すなわち歴史的報告《アフバール》を取り扱う学問が歴史学だからである。これらの二つの学問論には、一四世紀という時代には決して一般的とはいえない発想が幾つも含まれていた。そのため、彼の思想は近代以降になると、主として歴史学・社会学の二分野における近代的方法論の先駆とも捉えられ、今日に至るまで、専門家と非専門家とを問わず、幅広い関心を集めてきたのである。なお、近代の学問領域としての社会学と人間社会の学問は明確に別物であり、筆者にはウムラーンを社会と訳出することによって両者を同一視する意図は決してないことを付言しておく。

イブン・ハルドゥーンの思想の受容史は、近代すなわち一九世紀以降の動向に主な関心が払われてきた。それ以前の時代については、マムルーク朝やオスマン朝について若干の研究があるものの、その関心の範囲は現状ではかなり限られている。この種の議論は従来、彼の思想が後代の著述家にどのような「影響」を与えたか、あるいは「後継者」は存在したのかという切り口でなされることが多く、後代の著作にはイブン・ハルドゥーンと共通する社会観や権力観が限定的に見出されるという結論に留まってきた。こうした見方は、中世の人々は「近代的」なイブン・ハルドゥーンを理解できず、その思想の真価は近代ヨーロッパで初めて再発見されたという「西洋における再発見」言説とも通ずるものがある。

しかし写本というモノの観点からみれば、状況は全く異なってくる。というのも、中東や北アフリカに未だ活版印刷の普及していない一九世紀以前には、書物の製作には膨大な時間と手間を要した。書物の流通数も現代とは比較にならないほど少ない。人々の理解を得ず、読まれもしないような書物が手間をかけて筆写されるはずもなく、そのような書物は散逸するのが常であった。しかるに、イブン・ハルドゥーンの著作群はトルコ、エジプト、チュニジア、モロッコ、そしてヨーロッパの各国などに、現在確認できるだけでも一〇〇点以上が伝存している。このように多くの写本が伝存している事実自体、近代以前から彼がいかに人々の関心を集めてきたかを示す証拠なのではなかろうか。

本書はこの事実にこそ着眼したい。後代への「影響」や「後継者」の有無という評価基準からは一度離れ、イブン・ハルドゥーンのテクストがどのように読み継がれ、今日の我々の手に伝わったのかを、写本というモノの伝播を通じて可能な限り跡付けるのが本書のねらいである。

時代や地域が変われば、書物に対する人々の関心のあり方も変わってゆく。筆者の限られた能力、限られた紙幅でそのすべてを網羅することは無理であるが、本書では筆者が主要な調査地としてきたエジプトとトルコを中心に、マムルーク朝、オスマン朝そして近代エジプトを中心に考察を行う。対象とする時代は、『イバルの書』が完成された一四世紀後半から、活版印刷が本格導入された一九世紀の半ばまでとなる。

本書の構成は以下の通りである。第一節ではまず、イブン・ハルドゥーンとその主著である『イバルの書』についての基本的な解説を行う。続いて第二節では、アラビア語圏における「写本」という情報媒体と、数多くの『イバルの書』写本を整理し、写本に含まれる情報を読み解く方法について説明する。最後の第三節において、各時代における『イバルの書』写本を取り巻く状況やその伝播・流布について、写本に遺された痕跡と叙述史料から得られる情報を併せて考察してゆく。

一　イブン・ハルドゥーンと『イバルの書』

1　イブン・ハルドゥーンとその時代

まず、イブン・ハルドゥーンの生涯や当時の北アフリカの状況を概観しておこう。一四世紀から一五世紀初頭にかけて北アフリカ及びイベリア半島で活動したイブン・ハルドゥーンの生涯は、『イバルの書』末尾に付属する彼の自叙伝「本書の著者イブン・ハルドゥーンの自伝、及び彼の東西の旅の記録」（以下「自伝」）や、同時代の歴史家による伝記史料を通じてかなり詳細に辿ることができる。

（1）ハルドゥーン家の由来

ハルドゥーン家[2]の歴史は古く、「自伝」によるとその由来は七世紀まで遡ることができる。この家はアラビア半島のハドラマウト族出身で、預言者ムハンマドの教友の一人ワーイルを祖とする。一族の家名は、ワーイルから数代後のハルドゥーン・ブン・ウスマーンに由来するという。ウマイヤ朝の時代、ハルドゥーンは大征服に参加してイベリア半島に入植し、カルモナに土地を得た。やがて一族はセビーリャに移り、有力家系としての地位を築いていった。一三世紀になると、カスティーリャ王国を中心とするキリスト教陣営の勢力が迫ってきたために、ハフス朝統治下のチュニスに移住したのである。

以上のような来歴を有する家系に生まれたイブン・ハルドゥーンは、生誕地自体はチュニスであるが、アラビア半島に起源を持つ由緒あるアラブ家系、イベリア半島の名家の一員としてのアイデンティティを同時に備えていたといえよう。

(2) イブン・ハルドゥーンの生涯

イブン・ハルドゥーンとは「ハルドゥーンの息子」を意味する通称で、彼の個人名はアブドゥッラフマーンという。彼は一三三二年にチュニスで生まれ、兄弟とともにイスラーム諸学の伝統的教育、加えて哲学諸学の教育を受けた。初等教育を終えた後、一九歳でハフス朝の官職に任命されたのを皮切りに政界に身を投じてゆくこととなる。

一四世紀当時のマグリブの政治情勢はきわめて複雑であった。一二世紀にムワッヒド朝（一一三〇―一二六九）が築き上げた政治的統一が崩壊して以降、マグリブはチュニスを首府とするハフス朝、同じくフェズのマリーン朝（一二世紀末―一四六五）、この二王朝に比してやや勢力は劣るトレムセンのアブドゥルワード朝（一二三六―一五五〇）に三分され、対岸のイベリア半島ではグラナダに首府を置くナスル朝（一二世紀末―一四九二）がキリスト教諸国と対峙していた。マグリブの平地や砂漠、山間部にはカビーラと呼ばれる幾つもの部族集団が割拠していた。部族は主にアラブ系、ベルベル部族のサンハージャ系とザナータ系が存在したが、各々の王朝と部族の間にも複雑な同盟あるいは敵対関係が形成されていた。イブン・ハルドゥーンが生きた一四世紀の半ばにはとくにマリーン朝が強勢を誇り、ハフス朝やアブドゥルワード朝に対して盛んな軍事行動を行った[3]。

イブン・ハルドゥーンはこうした情勢のなか、三つの王朝を渡り歩きながら政治的キャリアを重ねていった。彼は宮廷内での政争やはかりごとに付き合いながら、部族との交渉、時には軍事力で服従させるといった困難な職務に従事していった。祖先の故地であるイベリア半島には二度滞在しているが、いずれの場合も政治的危機から逃れ、身の安全を図る目的で渡航したのである。グラナダを本拠とする当時のナスル朝の君主はイブン・ハルドゥーンに大きな信頼を寄せており、ナスル朝の宰相で当代随一の文人イブン・ハティーブ（一三一三―一三七四）とも親交を結んだ。

政争に明け暮れる日々のなかで、イブン・ハルドゥーンの関心は次第に学問に向かうようになった。一度はトレムセンのアブー・マドヤン廟に寄宿し、次いでアルジェリア南部のカルア・イブン・サラーマ（現ターウグズート）に隠遁した。『イバルの書』の構想は、彼がカルア・イブン・サラーマに逗留していた一三七五年から一三七八年頃までの間に練られたのである。

イブン・ハルドゥーンはこの隠遁中に、『イバルの書』の第一巻である「序説」を一通り書き上げ、続く歴史叙述の部分も幾らか執筆したようである。この段階で書かれたものが、今日の『イバルの書』のどの程度の部分に相当するかは判然としない。ともかく「序説」を書き上げた後、イブン・ハルドゥーンは故郷チュニスに戻り、続く歴史部分をある程度まで完成させたようである。しかし同時に、チュニスでハフス朝の宮廷に再び出仕するようになったことで、またも政争の渦中に置かれることとなった。彼はこうした状況から逃れるため、メッカ巡礼を理由に故地チュニスを去ることにした。一三八二年の末のことである。

メッカ巡礼であるが、当時の巡礼は単にメッカまで行って戻るだけの旅ではない。学問の修養や各地での見聞、参詣地巡りを兼ねた数年規模の行程となることも常であったし、滞在先で官職等を得て故地に戻らないケースさえ珍しくはない。イブン・ハルドゥーンはまず海路でアレクサンドリアに上陸し、そこからカイロに逗留した。間もなく、マムルーク朝の高官を介して君主ザーヒル・バルクーク（在位一三八二—一三九九）の知遇を得ると、そのままある学校《マドラサ》の教授職を任され、さらには四人の大法官《カーディー》の一人に任命されてカイロに留まっている。(4) 実際にメッカ巡礼を果たしたのはそれから数年後のことである。

バルクークの死後は、彼の後継者ナースィル・アッディーン・ファラジュ（在位一三九九—一四一二）に引き続き仕えた。一四〇〇年にティムール（在位一三七〇—一四〇五）がシリアに侵攻した際にはダマスクスまで従軍し、みずからティムールに接見して和平交渉も行っている。最後までマグリブに帰還することはなく、一四〇六年にカイロで生涯を閉じた。その墓所は今日では不詳であるが、ナスル門外側のサイイド・スアダー墓地に埋葬されたといわれる。

2　『イバルの書』とその思想

アルジェリアの荒野のただ中に位置するカルア・イブン・サラーマで、イブン・ハルドゥーンは『イバルの書』を構想した。「序説」の完成後も歴史部分の執筆は続けられ、チュニス滞在中（一三八二年以前）にハフス朝君主アブー・アッバース・アフマド二世（在位一三七〇—一三九四）に一度献呈されている。

その後エジプトへ渡ってからも、イブン・ハルドゥーンは新たに得られた史料を追加してさらに執筆を続けており、今日みられる七巻本の形にまとまったのは一三九四年頃といわれる。彼はこの完成版『イバルの書』を、マムルーク朝君主ザーヒル・バルクークと、マグリブのマリーン朝君主アブー・ファーリス・アブドゥルアズィーズ二世（在位一三九三—一三九六）にそれぞれ献呈している。

こうして『イバルの書』には、成立時期や内容の微妙に異なる三種類の献呈本が併存することとなったのである。以下では、『イバルの書』の内容をみてゆこう。

（1）書名について

最初に、『イバルの書』の表題について説明しておこう。その原題は『イバルの書、アラブ人・非アラブ人・ベルベル人、及び彼らと同時代の最も偉大な王達の時代の始まりと終わりの記録』*Kitāb al-ʻibar wa dīwān al-mubtadaʼ wa al-khabar fī ayyām al-ʻArab wa al-ʻAjam wa al-Barbar wa man ʻāṣara-hum min dhawī al-sulṭān al-akbar* というが、このままでは長いのでしばしば『イバルの書』*Kitāb al-ʻibar* や「イブン・ハルドゥーンの歴史書」*Taʼrīkh Ibn Khaldūn* などと省略される。このタイトルはある程度定訳が固まっているものの、幾つかの語の解釈は研究者の間でも異なっている。

そもそも、「イバル」とは何であろうか。アラビア語の ʻibar（単数形 ʻibra）は模範や教訓、例証といった意味であるが、一口に模範といっても、誰にとっての何のための模範であるかは解釈の分かれるところであろう。君主鑑文学といわれる統治の手引書と同様、権力者が過去の歴史を「教訓」とするという意味がまず想定される。あるいは歴史学の「模範」的な方法論を指すとも考えられる。また同一の語根を持つ派生語として、省察 iʻtibār や渡河《とか》 ʻabr を含意する可能性も指摘されている。

筆者自身は、イブン・ハルドゥーンが「序説」の冒頭に設けた「歴史学の真価」という部分で自身の時代の歴史家達の怠慢を嘆き、本来あるべき歴史学の方法論を改めて提示するという姿勢を示している点から、『イバルの書』こそ他の歴史家達が「模範」とすべき歴史書である、という意味が第一にあると考えている。しかし、アラビア語という言語は語根から複数の単語が派生してゆく構造を有しており、同一の語根を有する似通った意味が同時に想起される性質をもつ。イブン・ハルドゥーンはこの性質を修辞技法として利用し、掛詞としているのである。このような書名に込められた重層的な意味は、別言語で再現すること自体に限界がある。

以上のような理解に基づき、筆者は本書での表記は『イバルの書』と、略称のアラビア語をそのままカタカナ表記する方式を採った。無理に一つの意味に限定して和訳することは多義性の捨象につながるため避け、原語のイメージをそのまま提示することにしたのである。

（2）『イバルの書』の構成

続いて、『イバルの書』の内容の紹介に移ろう。先に触れたように、『イバルの書』は七つの巻からなり、三部構成である。第一部は理論編、第二部と第三部が歴史叙述の実践編にあたるといえよう。「序説」も前書きと第一部に分かれており、はじめに「歴史学の真価」についての前書きがある。続く第一部がイブン・ハルドゥーン独自の学問分類である「人間社会の学問」の内容であり、第一巻のほぼすべてがその説明に充てられている。続く第二部はアラブ人を中心とする東方《マシュリク》（主にエジプト以東）の歴史であり、第二巻から第六巻の前半三分の一程までがこの内容に充てられている。第三部はベルベル人を中心とする西方《マグリブ》（主にリビア以西）の歴史であり、第六巻の残りの部分と第七巻にあたる。その末尾には、「本書の著者イブン・ハルドゥーンの伝記ならびに彼の東西の旅の記録」（『イブン・ハルドゥーン自伝』）が附属している。

（3）「序説」とその思想

研究者達が長年にわたり注力してきたのは、第一巻の序文で提示される彼の歴史学の方法論、そして第一部の主題である「人間社会の学問」の研究である。それらについての彼の考え方を、以下で簡潔に紹介しておこう。とはいえ、人間社会の学問は本書で扱うには大きすぎ、その内容に踏み込むことは本書の目的ではないので、歴史学との関係を踏まえて基本的な内容を提示するに留める。その全容については註と巻末の資料を別途参照されたい[5]。

ごく簡潔にまとめれば、人間社会の学問は「連帯意識《アサビーヤ》」と呼ばれる概念を主軸とした権力論と、人間社会の諸状態の構成要素やそれらの推移に関する理論からなる。イブン・ハルドゥーンは王朝のような政府の盛衰を、連帯意識という一種の集団感情に関連付けて説明する。彼によれば、人間社会は初期の段階である遊牧・砂漠的《バダウィー》な社会と、そこから発展した定住・都市的《ハダリー》な社会に大別できる。このうち、前者の質素な生活環境のなかで出現する、強力な連帯意識を備えた連帯集団《アフル・アル＝アサビーヤ》こそが政治権力、すなわち王権《ムルク》を確立する資質を備えている。連帯集団は、連帯意識の目指す到達点である王権を希求し、他の集団を支配して権力を拡大してゆく。やがて、王権の確立したところでは、社会は定住的な状態へと移行してゆき、都市が形成される。都市においては、人々は学問や技術、経済を発展させ生活・文化の水準を向上させるが、これは同時に贅沢、奢侈《しゃし》の習慣に人々が染まっていくことを意味している。奢侈は政府や人々の支出を増大させ、収入との不均衡をもたらすのである。すると政府は財政難に見舞われるので、不足分を補うため増税したり、人々の財産を搾取して、社会を荒廃させる。社会が荒廃すれば政府は税収を得られず、軍事費も賄えなくなり王朝を防衛することができなくなってゆくのである。このような一連の現象を、イブン・ハルドゥーンは王朝の老衰と呼んでいる［『歴史序説』一：二三八―二四〇、二七〇―二七四、三二七―三三〇、『歴史序説』二：五五八―五六六、五八六―五九三］。

こうして政府が老衰した段階にあるとき、別の連帯集団が現れて外部から攻撃を加えた場合、政府はもはや対抗することができずに滅亡し、政治権力は別の連帯集団へと移行する。このようにして、政治権力が人間集団の手から手へと移ってゆくというのがイブン・ハルドゥーンの基本的な考え方であり、しばしば循環史観的な理論と評される。彼にとっての歴史学とは、以上のようなプロセスを念頭に置いたうえで、社会の諸状態の推移にかかわる歴史的報告を包括的に取り扱うものなのである。

このような考え方を踏まえて、イブン・ハルドゥーンの歴史学観を考察してみよう。それは『イバルの書』全体の序文である「歴史学の真価」から、続く第一部の序文にかけて示されている。彼はその冒頭で、歴史を「外面《ザーヒル》」と「内面《バーティン》」からなる二面的性格を有するものと説明し、「叡智《ヒクマ》」の学問であると位置づけている。その有名な一節を引用しよう。

〔歴史とは〕その外面においては、諸々の時代や王朝、先の数世紀の出来事に関する歴史的報告を越えるものではない。それは優雅な言葉で語られ、金言を散りばめられ、人々が集う会合を盛り上げ、我々に被造物の事柄を理解させる。すなわちいかにして諸々の状態が移り変わってゆくか、また〔死出の〕旅立ちの時が告げられ、消滅が訪れる時まで、いかにして王朝がその領域を拡大し、人々が地上の生を営んでいたかといったことである。またその内面には、理性的考察や真実の追求、存在物の要因や諸起源の深遠なる説明、諸々の出来事の生起の仕方、出来事の要因についての深遠なる知識がある。以上のことゆえ、歴史学は叡智に深く根を下ろしており、それらの学問に数えることが適切であろう。［*ʿIbar* I: 2］

「叡智」の意味であるが、これはかねてより philosophy の訳語で定着している[6]。上記の一節は主として、伝統的な宗教的学問である「伝承の諸学《ウルーム・ナクリーヤ》」としての歴史学を、理性的学問を指す「理性の諸学《ウルーム・アクリーヤ》」、すなわち理性的・哲学《ファルサファ》的な歴史学へと転換する意図を表明したものと理解されてきた。しかし別の解釈もあり、この「叡智」を哲学に限定せず、論理学、統治とその規範、倫理といった文芸《アダブ》・教養を広く含意すると捉える見解も提出されている［Irwin 2018: 65-70; *EI3* “Ibn Khaldūn”（Cheddadi）］。伝統的な宗教学から理性的な哲学への転換、といった二分法的な理解は、近年では徐々に改められつつあるように思う。本書では、ひとまず後者の見方を採用しよう。

次に歴史についてであるが、イブン・ハルドゥーンはこれを以下のように定義している[7]。

歴史とは、実にある時代や世代（民族）にかかわる歴史的報告《アフバール》である。すなわち、地域、世代、時代に関する一般的な諸状態の記述は歴史家にとっての基盤である。歴史家の目的の多くはその上にこそ達成され、その歴史的報告はそれによってこそ明瞭となる。人々はかつて、このために著述を費やしてきたのである［*ʿIbar* I: 50］。

「かつて」という言い方から窺えるように、イブン・ハルドゥーンは自身よりもさらに昔、一〇世紀頃までの歴史家達の方法論を範としている。アラビア語歴史叙述の方法論は元々、過去に関する報告を収集・整理するという点で、伝承学の影響を受けて発展してきたといわれる。伝承学的な方法論を用いて、歴史的報告の体系的整理を図ったのが、この時期を代表する歴史家タバリー（八三九―九二三）である。彼は断片的な歴史的報告の時系列を一つ一つ確定し、年代記の形式で一年ごとに配列した。これらはその典拠となった人物までの伝承経路《イスナード》とともに記された。同一内容の情報であっても、伝承経路や字句の異なるヴァージョンがあれば一括して併記されたのである。タバリーはこのような方法を用いて『預言者達と王達の歴史』という歴史書を編纂した。

しかし、この方法には限界がある。というのも、伝承学とは預言者ムハンマドやその一族、教友などイスラーム法解釈に関わる伝承を取り扱う学問である。これに対し、歴史学は世俗の事件や、預言者よりも後の時代をも広く対象とするものなのである。そのため、歴史家の扱う記述範囲が拡張するのに伴い、歴史学の方法もまた分化していった。タバリー以降の歴史家達は彼の確立した伝承学的方法を部分的には踏襲しつつも、様々な様式を用いて歴史書を著してきたのである。また、それ以外の方法を用いた歴史書も少なからず存在する。イブン・ハルドゥーンが範として挙げる歴史家マスウーディー（八九六―九五六）は、タバリー式に伝承を列挙するのではなく、地上の様々な民族について包括的なナラティヴを構築しようと試みたほか、天体や地理に関しても多くの紙幅を費やしている。(8) マスウーディーの著作として今日伝存が確認されているのは『黄金の牧場と宝石の鉱山』、『提言と再考の書』の二作品のみだが、前者はイブン・ハルドゥーンの典拠としてしばしば言及されている。

古い時代の歴史家を評価する一方で、それ以降の時代の歴史家達に対するイブン・ハルドゥーンの評価は厳しい。イブン・ハルドゥーン自身の時代である一四世紀にあっては、歴史家達は先の時代の歴史家への盲従《タクリード》に堕し、形式主義に陥ってしまっていたという(少なくとも、彼の目にはそう映った)。このような状況を、彼は厳しく批判する。

彼ら(初期とそれに続く世代の歴史家達)以降の歴史家達は盲従者《ムカッリド》であり、性質も理性も愚鈍であるか、愚鈍に堕してしまっている。彼らは語り伝えられたものを真似て、その手本に倣うのみで、様々な状態のなかで移り変わってゆく時代や、諸民族と諸世代の間で交代してゆく慣習に目を向けることがない。[*'Ibar* I: 4]

では、歴史家はどのように歴史学を実践すべきであるのか。イブン・ハルドゥーンは、歴史家が単に記録を残すだけでは不十分で、以下のような包括的知識を駆使することを要求する。

この学問に従事する者は、以下のことを知らねばならない。すなわち統治の諸原理、存在物の諸性質、世代や場所、時代によって行動様式、性格、慣習、宗教、宗派その他の諸状態が異なるということ。またそれらの現在の状態を熟知すること。過去のものと現在のものの一致点と相違点の対照、それらの一致と相違の理由付け、王朝や共同体の存立要因、それらが勃興したところの始点、その出現の要因、それが現れるよう誘発したもの、それらを支持した人々の諸状態や彼らに関する歴史的報告について。そうすることで、歴史家はあらゆる事件の要因に通暁し、歴史的報告の起源に精通するのである。古来の人々が歴史学を高く評価したのは、実に以上の理由によるのである［*'Ibar* I: 44］。

以上の引用からも、イブン・ハルドゥーンが諸状態という概念を非常に重視していることが分かる。これは、地上の様々な時代・地域の社会に附随する性格や習俗を包括的に指している。しかも歴史家は一つの時代や王朝のそれを把握するのみでは不十分であり、状態が時代と共に変化するという事実もまた同時に認識せねばならない。加えて諸状態に関する知識は、歴史的報告の実現可能性の判定、すなわち史料批判に際して最も有効な基準ともなる。これこそ、伝承学の方法論に代えてイブン・ハルドゥーンが提示した歴史学固有の方法論なのである。(9)

イブン・ハルドゥーンの歴史学観には、歴史家のなかでもとくにマスウーディーの著作にみられる考え方との共通点が少なからず認められるが、マスウーディーは理論の体系化は行わず、幾つかの概念に折に触れて言及する程度である。(10) しかしイブン・ハルドゥーンは一般的な理論として歴史学の方法論を論じ、また実際に歴史を書くに際しても、様々な民族の各世代を一貫して世代階層《タバカート》という概念に基づいて整理し、世代階層ごとの政治権力の起源と盛衰、また諸状態の移り変わりを記述するという方式を採用している。(11)

イブン・ハルドゥーンの歴史学観の根底にあるのは、優れた先達の実践していた歴史学は元来、政治権力とその盛衰に関わる知識、地誌、気候風土論といった自然学分野に至るまでの歴史的報告を広く包摂する、いわば一種の総合学問であったという見方ではないかと思われる。しかし、広範囲にわたる人間社会の諸状態そのものを研究対象とする学問は、たしかに当時の学問分類では存在しなかった。そこで、イブン・ハルドゥーンはそれを人間社会の学問というかたちで独立させることにしたのである。彼は言う。

この学問は、それ自体が独立した一つの学問を成す。それは固有の対象を有するものであり、それは人間の社会、人間の社会的集合である。またそれは固有の問題を有しており、それは人間社会の本質に附随して起こる諸状態を、一つ一つ説明することである。このことは、伝承的《ワドイーヤン》であれ、理性的《アクリーヤン》であれ、あらゆる学問の主題なのである［*'Ibar* I: 60］。

このように、人間社会の学問はイブン・ハルドゥーンの広範な関心を反映し、学問の垣根を越えてあらゆる学問の主題であると規定されているのである。

（4）歴史学の「革新」？

イブン・ハルドゥーンの「序説」を、研究者はしばしば西洋における近代学問の潮流と比較しながら評価してきた。人間社会の諸状態の推移に着眼するという発想は社会学に、また歴史家達の「盲従」に対する批判や歴史学の位置付けの転換、独自の史料批判法の提唱といった点は近代歴史学的な発想に通ずるものと解され、イブン・ハルドゥーンが中世的で伝統盲従的な歴史学からの脱却を図ったとする解釈につながってきた。こうした理解からは、先駆的な学問論を提唱した「序説」に反して『イバルの書』の本編における彼の実際の歴史記述は伝統的（伝承学的）な歴史書の踏襲に過ぎず、理論が反映されていないという否定的な評価も現れてきたことは事実である。だが彼の歴史学観を改めて検討すれば、一四世紀の人間である彼が四〇〇年も昔の歴史家の方法をあえて範としていること自体に意味を見出し、歴史叙述のあり方を問い直すべき時にきているように思われる。

既にみたように、イブン・ハルドゥーンは人間社会の学を、あらゆる学問に関わるものとしていた。彼は初期の歴史家による優れた歴史書を評価しているし、自身の歴史学の方法論も過去に実践されていたものと位置付け、とくに革新的なものとは主張していない。彼が『イバルの書』のなかで歴史学の方法論を改めて提示した目的は革新ではなく、一四世紀当時の歴史学の「盲従」に対する処方として、様々な状態にかかわる歴史的報告を総合的に取り扱う、在りし日の歴史学を復興することだと考えられる。その方法論を実践しようとする努力もまた、『イバルの書』の歴史記述からはっきりと読み取ることが可能である。実践の試みの成否をここで仔細に論じる余裕はないが、『イバルの書』全体としての意義は、単に「序説」が近代歴史学や社会学の先駆であるというよりは、古典期と近代を繋ぐ一つの画期に相当するといえるのではないだろうか。

二　写本の足跡を辿る

1　写本とは？——近代以前における知の媒体

前項では、イブン・ハルドゥーンの学問論を中心として『イバルの書』の基本的な内容とその意義を紹介した。続いて『イバルの書』写本の詳細をみる前に、ここまで「写本」と称してきたものについて説明しておこう。写本とはマニュスクリプトの訳語として一般的に用いられる語であるが、厳密にいえば手稿本と総称される手書きの著作物のうち、種本から筆写されたものを指す。筆写元となる種本は原本と呼ばれ、著者自身が筆写を行った手稿本は自筆本と称する［桝屋　二〇一四：一八―一九］。

但し、アラビア語写本が「自筆」という場合にはやや注意が必要である。というのも、筆写の作業自体は専業の書記が担い、著者自身は筆を執らずに内容を口述したり、内容の確認や加筆修正を行うに留まる場合があるためである。『イバルの書』写本が「自筆を含む」写本などといわれる場合には通常この意味である。なお、本文自体をイブン・ハルドゥーンが手掛けた文字通りの自筆本として、彼が一〇代の頃に著した『宗教の基礎に関する最良の精選』《ルバーブ・アル＝ムハッサル・フィー・ウスール・アッディーン》という小論の写本が伝わっている。

アラビア語圏で製作された写本は、一般的にコデックスと呼ばれる冊子型、すなわち方形の紙を折り重ねて一辺で綴じ合わせた、今日みられるものと同様の形態が近代以前から主流である。紙の種類は羊をはじめとする獣皮紙、今日ではエジプトみやげとしても売られるパピルス、中国式の製紙法で製作された亜麻布製の紙などがあるが、九世紀以降は亜麻布紙が広く用いられた。これはヨーロッパで一三世紀頃まで羊皮紙が主要であったことを考えれば顕著な特徴であろう。亜麻布製の紙は、数十頭から数百頭の羊を屠殺せねば写本一冊分の量を賄えない羊皮紙に比べ、はるかに安価で供給量も多かった[12]。ヨーロッパでは一四世紀頃から木版印刷の改良が始まり、一五世紀にはグーテンベルクによって金属活字が実用化されたが［フォン・デア・ハイデ 二〇一七：八五—八九］、アラビア語圏では九世紀から一九世紀に至るまで長く筆写の文化が維持された。中東地域に印刷所が開業し始めるのは一八世紀のことであり、官営印刷所の本格的な稼働には一九世紀を待たねばならない。したがって書物の出現以降、一九世紀以前におけるアラビア語でのテクスト継承は、写本というメディアにその多くを負っていたのである。

ところで、アラビア語圏における「本」とは歴史的にいかなるものであったのだろうか。

本はアラビア語でキターブ（kitāb）という。これは「書く（kataba）」の派生語である。手書き写本の場合はヌスハ（nuskha）といい、ナースィフ／ナッサーフ（nāsikh/nassākh）と変化すると書き写す人の意になる。写本はまたマフトゥート（makhṭūṭ）ともいう。これに対し、書物の筆写から製本に至るまでの仕事を広く手掛ける人物をワッラーク[13]と呼ぶ。

イスラームという宗教が成立して以降、アラビア文字で組織的な編纂が行われた最初の書物はクルアーンであったといわれる。正統カリフ達の時代、紙片に書きつけられていたクルアーンの章句が収集され、最終的に一冊の書物の形にまとめられたのである［小杉・林 二〇一四：一〇—二〇］。

イブン・ハルドゥーンは、写本製作に関わる技術の発展をアラブ人の王権の拡大と結び付けて説明している。彼は「序説」の第五章で、書記の技術を都市的技術の一つに挙げ、高尚な技術であると述べている。彼によれば、この技術はウマイヤ朝からアッバース朝にかけてイスラーム政権の版図が拡大したとき、行政文書を書く必要から発達した。やがて各地で文化水準も向上し、様々な書体が考案されていったのである。同様にして、写本製作の技術も発達した。しかしその後、アラブ人の王権が失われたところではその技術も廃れてしまったという。また写本製作の技術については、伝承学の方法に則り、その筆写元を辿れるようにすることでテクストの信憑性を担保する手法が採られたと述べている。このため、イブン・ハルドゥーンからみて古い時代の写本は正確で誤謬が少ない一方で、彼自身の時代のマグリブでは既にその技術は廃れてしまい、誤謬に満ちた疑わしい写本が筆写されている。また同様に、東方においてもこの技術はやがて失われるであろうという悲観的な見通しを語っている［*'Ibar* II: 135-158］。

イブン・ハルドゥーンの説明がどの程度事実を反映しているかは検討の余地もあると思うが、書物の製作はそもそも「筆写」という技術と、紙やインク等の必要素材を安定供給するシステムの双方が確立していなければ存在し得ないことは確かであろう。書物文化の興隆の背景には、製紙法の伝来、政府制度の整備に伴う書記の需要の拡大、また学問的知識の集積に伴う書物の需要の増大といった複合的な要因があったといえる。

2　写本系統と伝播の足跡

前置きが長くなったが、以下で『イバルの書』の詳細をみてゆこう。『イバルの書』写本が複数の国々に分散していることは既に触れた。写本の筆写年代は一四世紀から一九世紀までと幅広い。また複雑なことに、各巻の伝存状況がまちまちであるという問題も存在する。傾向としては、第一巻である「序説」の伝存数が最も多く、アラビア語版とオスマン語版の双方が伝存しているが、続く巻では第二巻だけがひときわ少ない。内容を部分的に抜粋した縮約版であったり、『イバルの書』全七巻のうち一部の巻しか存在しないといったこともしばしばみられる。全七巻が完全なセットで伝存している例はマムルーク朝君主ザーヒル・バルクークへの献呈本、通称ザーヒル写本の一例しかない（図1）。さらに、現代の図書館において同一の分類に属していても、必ずしも同一時期に成立したとは限らないのである。例えばスレイマニイェ図書館（イスタンブル）所収のダマト・イブラヒム・パシャ分類には七冊の『イバルの書』写本が含まれているが、これらは元から一組のセットだったのではなく、別々の書記が筆写した出所の異なる巻の寄せ集めである。では、このように錯綜した、雑多といってもよい多数の写本をどのように整理してゆけばよいのであろうか。

（1）写本系統

写本の分析に用いられる一般的な方法として、写本を「系統」づけるというものがある。系統とは、一言でいえば写本間の派生関係である。写本がいずれの写本から派生したかを一つ一つ確定してゆくことで、派生関係を樹形図状に表すのである。この時、樹形図の始点に位置する写本は祖本という。系統という考え方は、それを判別する上で何らかの手がかりがなければ成り立たない。印刷本にも異版があり、版によって微妙に内容が異なることがある。写本も同様で、同一タイトルであっても系統ごと、あるいは写本ごとの相違点や特徴が存在するということである。『イバルの書』についていえば、ハフス朝、マリーン朝、マムルーク朝の各君主に献じられた三種の写本から各々の系統が派生していったと想定されている。

ある写本がいずれの系統に属するかを判定する方法は、書物の性格によっても異なってくると思われるが、最も

図1　ザーヒル写本第一巻の扉（Damad İbrahim Paşa 863, fol. 4a）。ザーヒル写本は第一巻のみダマト・イブラヒム・パシャ分類に含まれる。枠内上部と下部には「『アラブ人、非アラブ人、ベルベル人についてのイバルに関するザーヒルの書』第一巻」とあり、枠内中央部には「高貴なる王ザーヒルの書庫のために——神よ、その庇護者を強め給え」と書かれている。頁の右上隅には所有記録。

図2　アートゥフ・エフェンディ写本（Atıf Efendi 1936, fol. VIIa）。頁左上部の四角い枠内がイブン・ハルドゥーン直筆の署名。中央右には、アートゥフの名前が刻まれた印章型ワクフィーヤ。中央の枠で囲まれた部分が、ヴェイシ・エフェンディによる売買記録（1598年）。その他、頁全体にわたって多数の所有記録がみられる。

基本的な基準は本文テクストの異同であろう。ある写本を基準として、別の写本とテクストを照合する作業は「校合《きょうごう》」という。とくに筆写時期や地点にある程度開きのある写本の間であれば、加筆・修正の反映の度合い、章節の組み方などに何らかの相違がみられることは多い。

また「草稿《ムサウワダ》」と「清書《ムバイヤダ》」の相違にも留意せねばならない。例えば川端康成など、文豪が遺した手稿を見たことのある人ならば想像がつくであろう。草稿段階の原稿用紙には、書き込みや加筆・修正の痕跡が多数認められるものである。アラビア語で草稿を意味するムサウワダとは「黒く塗られたもの」の意であり、度重なる加筆や修正の作業によって紙面が黒インクで埋め尽くされた様をよく表している。印刷本の場合は普通、書き込みや修正跡をそのまま残すわけにいかないので、すべて本文に反映した状態で出版される。だが写本の場合、草稿であってもきちんと製本されていて、そのまま出回ってしまう場合がある。例として、現在スレイマニイェ図書館などに所蔵されるマムルーク朝時代の幾つかの写本には、イブン・ハルドゥーン自身の手になるといわれる大量の加筆・修正指示がそのまま残されている。なかでもアートゥフ・エフェンディ写本と称する写本は重要で、イブン・ハルドゥーン本人の筆で「本書は「序説」のムサウワダである……」と明記されている（図2）。これらの修正は、後々清書版を製作する段階で本文に反映されてゆくのである。

ここまでテクストの校合について述べてきたが、『イバルの書』写本は全巻を合わせると二〇〇〇から四〇〇〇葉にも及ぶものもあり、「序説」の一巻だけでも三〇〇から四〇〇葉程度はある。これほどのテクストを一字一句照らし合わせるのは想像を超える労力である。第一、多数ある写本のなかからどのようにして校合に用いるべき写本を選び出すのであろうか。

『イバルの書』の場合、系統を手早く判別する良い方法がある。それは献辞を確認する方法である。献辞とは文字通り、書物を献呈する各々の相手に向けた文言であるから、献呈先に応じて内容が異なっている。先に触れたハフス朝、マリーン朝、マムルーク朝の三君主に贈られた『イバルの書』献呈本のなかには、各々の君主に向けた三パターンの献辞が存在している。後代の写本においても、献辞はそのまま引き写されていることがしばしばある。これを確認することで、献呈本から派生した写本ならば容易に見当を付けられるのである。但し献辞がない場合も少なくなく、その場合は別のやり方が必要になる。

写本系統図1（仮説1）

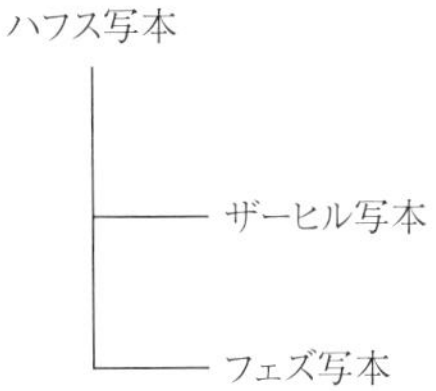

写本系統図2（仮説2）

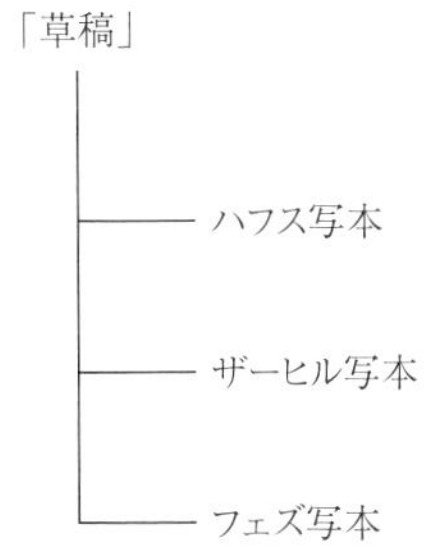

『イバルの書』の写本系統図は大きく分けて、以下の二通りの考え方に基づいて構築される。とはいっても、各々の写本系統で全七巻が等しく伝存しているわけではないという制約があるので、『イバルの書』全巻について完璧な写本系統図を提示することは困難なのが実情である。

第一は、多くの研究者が採用している、献呈本を祖本とする考え方である。この場合、祖本は最初期の献呈本であるハフス写本となり、そこから後の系統が派生してゆく形となる。

第二は、草稿を祖本と仮定する考え方である。これは橋爪烈が『イブン・ハルドゥーン自伝』写本の分析に際して提唱した方法で、イブン・ハルドゥーンが最後まで手元に置いていた草稿が存在すると仮定し、そこから各々の献呈本やその他の写しが派生したとする考え方である［橋爪　二〇一〇］。この考え方は、各系統の相違点をイブン・ハルドゥーン自身の執筆作業の進捗と無理なく対応させられる利点があるが、著者自身の手が加わった草稿に相当する写本は「序説」だけでも複数点確認されているという問題があり、単純に『イバルの書』全体に適用できるかは少々判断が難しい。

（2）写本の移動

次に、写本の移動についてみてゆこう。統一的な規格を持たない写本は、本文テクスト以外にも膨大な情報を含んでいる。例えば書体、紙の種類、皮革製カヴァーの材質、扉頁の装飾、シャムサと呼ばれるメダイヨン[14]の様式などは時代・地域ごとの特徴を有しており、それだけで製作地や時期の見当を付けることも可能である（但し、近年では画像データでの閲覧が主流となり、紙や装丁を実見する許可は得にくい場合もあった）。また、写本にかかわった人々はしばしば書き込みや蔵書印を残し、紙面にその名を留めている。

以上の要素は、写本の来歴を辿るうえで重要な意味をもつ。例えば、明らかにエジプトで製作されたと思しき特徴を有する写本が今日トルコに所蔵されているとすれば、それは誰かが何らかの形で移動させたということになるだろう。そのような移動の背景には、学者の往来や書物の売買といった知的交流が存在したと推定できる。移動の具体的な過程を辿るには、写本に残された様々な手がかりを活用することが必要となる。その代表的なものを以下に挙げよう。

①書記の署名

写本に付加される外部的情報のなかでも、とりわけ重要性が高いのはこれであろう。写本を筆写した書記は自身の名と筆写を終えた年月日を、本文の末尾に奥付として記す（ない場合もある）。これは筆写年代を特定する上で最も重要な根拠である。但し、ある写本を原本として別写本を書き写す際に、原本に記載されている年月日までも忠実に引き写されている場合がある。その場合、実際の筆写年と異なる年月日が書かれることになる。

②所有記録（タマッルク）

タマッルクとは「所有」や「所有権」を意味するアラビア語で、写本の所有者の名を記す、いわば蔵書印である。写本の見返しや扉頁の周縁部にあることが多く、「神の許しを乞う貧窮者である某の蔵書」などと書かれる。また「某が購入した」など、売買に関する情報が含まれることもある（図1、2）。

③寄進証明（ワクフィーヤ）

イスラーム法の規定に則って所有権が停止され、売買が禁じられた一種の寄進財、あるいは信託財をワクフと呼ぶ。ワクフィーヤとは、ある物件がワクフとして寄進されたことを証明する文言で、「某が寄進した……」などと書かれる。所有記録と同様に直接書き込まれたものも、印章型のものもある。場合によっては、寄進の手続きに立ち会った証人の名などが含まれることもある（図1、2、3）。

この他、聴講記録《サマー》、免状《イジャーザ》など、写本を利用した学問的活動の痕跡がみられるものもある。[15]

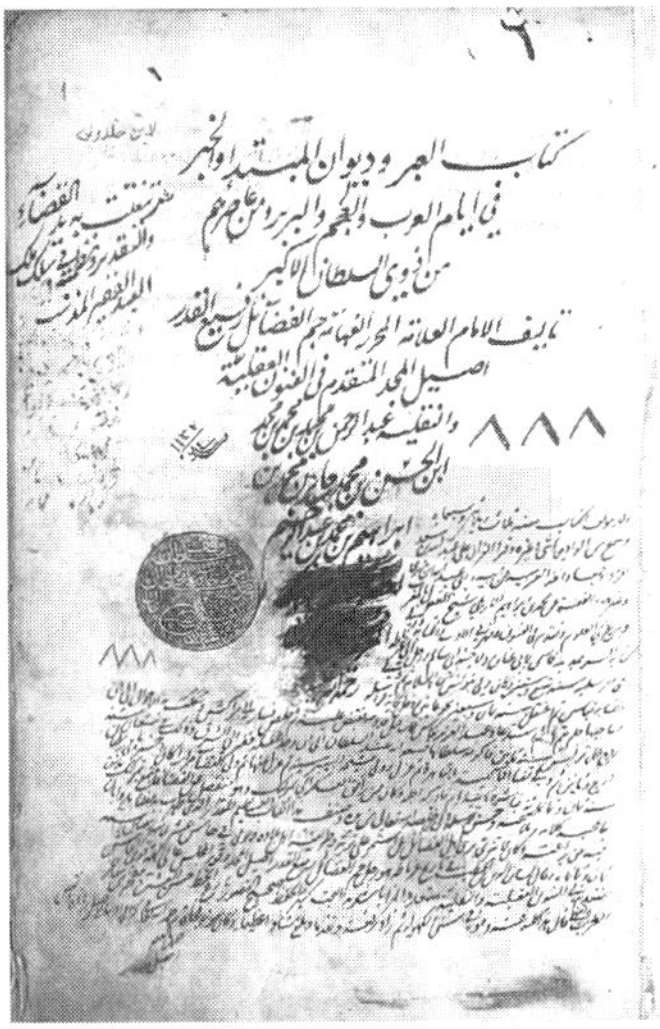

図3　イェニ・ジャーミィ写本（Yeni Cami 888, fol. 1a）。中央左に印章型のワクフィーヤ。スルターン・アフメト・ハーン（アフメト三世）の名が刻まれている。ワクフィーヤの下部にはオスマン朝君主の花押（トゥーラ）が含まれている。

3　図書館と『イバルの書』所蔵傾向

ここで、筆者が主な調査地としてきた現地の図書館と、『イバルの書』写本の大まかな所蔵傾向について紹介しよう。以下の①と②がトルコ、③と④がエジプトの施設である。なお以下の情報は、①、②は二〇一九年一〇月、それ以外については二〇一八年六月現在のものである。各施設の最新の情報については巻末のリンク先を参照のこと。

①スレイマニイェ図書館

一九一八年設立。イスタンブルの旧市街にあたるファーティフ地区に位置する。スレイマン一世によって造営された、スレイマニイェ・モスクに隣接する学校《メドレセ》の一角を使用している。

アラビア語・ペルシア語・オスマン語史料の所蔵数は一〇万点にも上り、PC上で電子画像として閲覧できる。近年電子データベースが一新され、イスタンブルのみならず各地の図書館資料が順次検索・閲覧可能になりつつあるようである。その史料の豊富さゆえ、世界各地から研究者が調査に訪れている。中庭があり、猫や鳥も訪れている。休憩室には給湯器が備え付けられており、セルフ・サービスの紅茶やコーヒーを飲みながら閲覧以外の作業をすることもできる。トルコで筆者が利用する最も重要な施設で、第二の宿といっても過言ではない。

『イバルの書』の所蔵に関しては、一四世紀の同時代写本、一五世紀以降に製作された写本そして「序説」のオスマン語訳を幅広く所蔵している。また二〇一九年一〇月には、ブルサの図書館に所蔵される「序説」写本が新たに閲覧可能になっているのを確認した。イブン・ハルドゥーンの自筆を含む写本も複数点所蔵されている。史料の複写は、申請すれば即日あるいは翌日には電子データを受領することができる。

②トプカプ宮殿博物館付属図書館

イスタンブル・ファーティフ地区。世界中から観光客が集う、かつてのオスマン朝の宮殿であるトプカプ宮殿博物館の一角に位置するアーラル・モスクを図書館に転用している。事前に利用申請を行う必要があり、トルコの図書館のなかでは手続きに時間を要する。オスマン朝宮廷に収集された貴重書を多数所蔵しており、『イバルの書』ザーヒル写本など重要な同時代写本を複数所蔵している。閲覧は基本的に備え付けのＰＣで行うが、電子化していない史料については現物を出してくれる……らしい（未検証）。図書館員の方々は大変親切で、作業中も紅茶を振る舞ってくれた。なお一二時から一三時の間は昼食休憩となり、閲覧室は閉まる。二〇一九年一〇月の訪問時は閉館中であった。

③エジプト国立図書館

一八七〇年設立。ナイル河東岸のコルニーシュ通りに面する本館と、イスラーム芸術博物館内の別館に分かれている。刊行物と写本の現物は本館にあり、別館にはマイクロフィルム化された史資料の閲覧室がある。ＰＣは検索用のみである。基本的には別館でマイクロフィルムを閲覧するが、必要書類を揃えて本館で申請すると現物の閲覧も可能である。なお、閲覧室はかなり冷房が効いており寒い。二〇一八年七月時点では電子閲覧システムは導入されておらず、申請した複写データの受領には一～三週間程度を要した。

「序説」と『イバルの書』に関しては、一八世紀以降の写本が中心に所蔵されている。後で触れるが、オスマン語訳やマグリブ書体の写本も確認される。所蔵数自体は多いのだが、年代の比較的新しい写本が中心であり、未だ十分な研究は行われていないように見受けられる。

図4　アズハル前の歩道橋から望んだ死者の街（北部地区）。家が連なっているように見えるが、中は墓になっている。中央奥に見える装飾入りの丸屋根は、マムルーク朝君主カーイトバーイの廟。（著者撮影）

図5　死者の街の路地。この日は炎天下で、人や犬猫の姿はない。（著者撮影）

④アズハル図書館

アズハル・モスクからやや離れた、アズハルの各組織が集まる施設群の一角にある。カイロ空港と市街を結ぶポート・サイード通りに面し、通りの向こう側には「死者の街」が広がっている（図4、5）。敷地の門は格子が閉まっていることもあるが、図書館を利用したい旨を告げればすぐに通してくれる。このとき手荷物検査がある。なお、敷地内で食事はできず、周辺にもレストラン等は見当たらない。ハーン・ハリーリー方面に戻らなければほぼ飲食はできないようである。夏季に飲料水を忘れて入館してしまうと非常に辛い思いをする。

閲覧は備え付けのPCで行う。アズハルという施設の性格上、クルアーン註解・法学・神学関係が中心のようであるが、歴史書も少なからず確認できる。一九世紀に製作された『イバルの書』二組の所蔵が確認済みだが、いずれも欠本があり、とくに「序説」写本の所蔵は確認できていない。

これらの他にも、アラブ連盟写本研究所（カイロ）、バヤズィト図書館とミッレト図書館（ともにイスタンブル）など幾つかの図書館で写本調査を実施してきたが、やはりスレイマニイェ図書館のシステムで閲覧できる史資料の数が群を抜いているというのが実感である。

著者の把握している限りの所蔵傾向としては、トルコでは一四世紀から一七世紀までの「序説」と『イバルの書』各巻のアラビア語写本、および一八世紀以降に作成されたオスマン語訳「序説」が中心であるといえる。それに対し、エジプトでは一八世紀以降のアラビア語写本が中心であり、一九世紀に製作されたものが最も多い。

写本系統については後に検討するが、ハフス系統の写本の伝存は世界的にもほとんど確認されていない。今日伝存している写本の大半はザーヒル系統とフェズ系統からなり、特にオスマン朝期の写本は大半がザーヒル系統に属すと推定される。

三 『イバルの書』写本の足跡

本項では、『イバルの書』が今日に至るまで、どのような命運を辿ってきたかを時代・地域ごとに検討したい。まずイブン・ハルドゥーンが没して間もない一五世紀の状況から始め、続いてオスマン朝を中心として一六世紀以降、最後に近代化を迎える一九世紀から二〇世紀の状況をみてゆくことにする。

1 同時代人のまなざし――一五世紀

一四〇六年にイブン・ハルドゥーンが世を去ったとき、『イバルの書』写本はチュニス、カイロ、フェズの三都市に少なくとも一セットずつ存在していたことは確実である。そのなかでも『イバルの書』をめぐる同時代人の様子が最も多く伝わっているのは、マムルーク朝下のエジプトである。

マムルーク朝において『イバルの書』を史料として利用した最初の人物は、おそらくカルカシャンディー

（一三五五／五六―一四一八）であろう。彼は『夜盲の黎明』という、百科全書的な行政便覧の著者として殊に著名であるが、その晩年には『過去のアラブ諸部族の系譜に関する真珠の首飾り』と題する、様々な部族や家系の系譜に関する小論を著している。この小論のなかで、系譜の典拠として『イバルの書』は比較的高い頻度で言及されており、とりわけマグリブのベルベル部族の系譜に関しては主要な典拠となっていることが窺えるのである。『イバルの書』は一般的な歴史書に比べ、民族や部族の系譜的起源に関する記述を重視しているという特徴を有するが、それを実際に史料として初めて活用したのが系譜書である点は興味深い。カルカシャンディーはイブン・ハルドゥーンよりも二〇歳ほど年少だが親交があり、イブン・ハルドゥーンの生前から『イバルの書』を知っていたと思われる。

次に、マムルーク朝末期に活躍した著述家サハーウィー（一四二八―一四九七）に着目しよう。彼は『歴史学を批判する人々に対する反駁の表明』という著作を著している。これは歴史書ではなく、歴史学そのものについて著述したという当時としては珍しいタイプの史料である。サハーウィーは同書のなかで、『イバルの書』を含めて当時知られていた種々の歴史書についてかなり包括的な情報を提供するとともに、歴史書の評価についても多くの証言を引用している。彼が提供する『イバルの書』の評価は、これまでにも多くの研究者によって参照されてきた。『イバルの書』は「出来事の歴史《ハワーディス》と伝記《ワファヤート》」の項目に分類されており、そこでサハーウィーは以下のように説明している。

> 法官ワリー・アッディーン・イブン・ハルドゥーン〔の著作〕について。それはバースィティーヤ書庫に収められ、有益なる「序説」が付いており、『諸王、諸民族、ベルベル人に関するイバル』と題されている。それは七巻からなる大部な書である。イブン・ハルドゥーンから学んだ一人、イブン・アンマールは大いにこれを称賛している。彼曰く「イブン・ハルドゥーンの「序説」は諸々の学問すべてを網羅しており、その目的はいかに熟達した人々の言葉を尽くしても達成し難く、ゆえに試みられたこともなかった……（中略）」

また彼の同輩の一人タキー・アッディーン・マクリーズィーもイブン・ハルドゥーンの歴史書を称賛している。彼は「序説」について「同様のものが著されたことはかつてなかったし、そうしたことを試みるものがあったとしても、実現は困難であろう」と語っている。マクリーズィーはその後も熱心に称賛を続けているが、我らが師*はごく一部を除き、彼の見解には同意しない。我らが師は、イブン・ハルドゥーンがとくに東方の歴史について、明白な事実に立脚した歴史的報告を熟知していないということを確証した。このことは、イブン・ハルドゥーンの見解を精査した人にとっては明らかであろう。[*I'lān*: 312-313]（*引用者注：イブン・ハジャル・アル＝アスカラーニー（一三七二―一四四九）を指す。シャーフィイー法学派の法学者として名を馳せ、歴史書や伝記集の執筆も手掛けた。サハーウィーは彼の学徒である）

サハーウィーの記述は多くの知見をもたらしてくれる。まず基本的な事実として、『イバルの書』がバースィティーヤという名の書庫（おそらくは、学院に併設されたもの）に配架されており、それが今日まで伝存する多くの写本と同様、七巻本の形態であったことが確認できる。タイトルは本来のものとやや異なった形で書かれているが、『イバルの書』本来のタイトルは長いため、省略されることは多い。またサハーウィーの言い方から察するに、今日我々が「序説」と呼んでいる『イバルの書』第一巻は、マムルーク朝時代から既に「序説」と呼ばれていたようである。

『イバルの書』の評価についても賛否両論が伝えられているが、「序説」を有益であると評価する一方で歴史的報告の不正確さに対しては批判的な見方をするという、今日の研究者とも多分に通ずる評価のあり方が既に現れている点はとくに注目される。

これらの他にも、マムルーク朝期のエジプトやシリアでは、主に学識者の伝記を編纂した伝記集と呼ばれるジャ

図6　ダマト・イブラヒム・パシャ写本（Damad İbrahim Paşa 868）。右頁から左頁上部にかけての細かい文字列が、マクリーズィーによる書き込み。内容はこの巻の目次である。左頁の左上にはマクリーズィーの署名がある。左頁の枠内は、上部が「『イバルの書』第七巻」、中央部が「高貴にして幸運の住処たるサービーヤ書庫のために——神よ、その誠実なる主人を永らえさせ給え」と書かれている。

ンルの著作が多数書かれている。イブン・ハルドゥーンの項目もあり、多くの場合、彼の著作として「序説」や『イバルの書』が言及されている。実際にどの程度読まれていたかをここから判断するのは困難であるが、『イバルの書』は彼の主著と認識されており、その知名度自体は高かったといってよいのではなかろうか。

最後に、先の引用中に登場したマクリーズィー[16]（一三六四—一四四二）という人物について触れておこう。彼はマムルーク朝を代表する著述家の一人であり、その代表作には、編年体で書かれた歴史書『諸王の王朝に関する知識の道程』、カイロを中心に建造物を取り扱った『エジプト地誌』などがある。彼はエジプトを訪れたイブン・ハルドゥーンの講義を受けて深い感銘を受け、彼の思想を称賛するに至った。マクリーズィーは疫病や物価といった題材を扱うなど、社会経済史的な関心を有する歴史家であり、その点において、社会の諸状態に重きを置くイブン・ハルドゥーンとは共通性がみられるといえる。しかし、彼が実際に『イバルの書』をどのように読み、イブン・ハルドゥーンの思想を理解していたか、詳しくは不明な点も多い。

だが、マクリーズィーが「序説」に限らず『イバルの書』全体を読解し、その内容に深く精通していることを裏付ける写本が伝存している（図6）。それが、ダマト・イブラヒム・パシャ写本である。この写本で第七巻の扉頁には、マクリーズィーの直筆とされる署名が存在しており、その他の巻の余白部分にも同様の筆跡で多数の書き込みが確認されるのである。その内容を詳しく分析した研究は現状では存在しないものの、彼のイブン・ハルドゥーン理解を考える上できわめて価値ある史料といえよう。また、このダマト・イブラヒム・パシャ写本の幾つかの巻には、当時のカイロに存在したとみられる「サーヒビーヤ書庫」の名が刻まれていることも特徴である。

以上のように、マムルーク朝時代のエジプトでは写本と叙述史料の両面から、『イバルの書』が比較的知られていたといえ、配架されていた書庫の名も幾つか確認することができる。

これに対し、イブン・ハルドゥーンの故地であるマグリブや、彼の祖先所縁の地であるイベリア半島については、一五世紀の状況は詳しく解明できていないのが実情である。もちろんこれは、マグリブやイベリア半島でイブン・ハルドゥーンが無名であったということを意味するわけではない。チュニスでは、ハフス朝の歴史家ザルカシー(一五世紀末)が『イバルの書』を情報源として利用しているし、一七世紀以降になると、よりはっきりと『イバルの書』に言及した史料が確認できるようになってくる。『イバルの書』が何らかの形で一五世紀を生き延び、後代の人々の手に伝わったことは確かであろう。

一五世紀のマグリブとイベリア半島における『イバルの書』の活用がみられる重要な例として、イブン・アズラク(一四二七―一四九一)に触れておこう。この人物は、マムルーク朝におけるサハーウィーとほぼ同年代である。彼はナスル朝統治下のマラガに生まれ、グラナダで諸学を修めた。さらにマグリブに遊学し、フェズ、トレムセン、チュニスを巡ったと伝えられる。遊学を終えた彼は故郷マラガの法官、やがてナスル朝の首府であるグラナダの大法官に任ぜられる。

ナスル朝は長らくカスティーリャ王国に臣従し、繰り返し和議を更新することで命脈を保ってきた王朝である。だが、一五世紀の後半になるとカスティーリャ王国は従来の方針を変え、ナスル朝を滅ぼしてイベリア半島からイスラーム勢力を放逐すべく、本格的な攻勢に出るようになった。こうした情勢の変化を受け、晩年のイブン・アズラクは他のムスリム君主に支援を要請すべく旅立つこととなったのである。だが、彼の要請に応じる君主はもはやいなかった。彼は最後にマムルーク朝の君主に謁見した後、カイロに留まりやがてメッカ巡礼を果たした。その後も故地に戻ることはせず、さらに東に位置するエルサレムの法官として赴任したのである。一四九一年、彼はナスル朝の滅亡をみることなくエルサレムで生涯を終える。

イブン・アズラクが遺した著作の一つに、『王権の諸性質に関する驚異の首飾り』がある。これは近代以前では唯一とされる、イブン・ハルドゥーンの権力論を体系的に用いた理論書である。全四章からなり、とくに王権とカリフ権の性質を扱った一章と四章に「序説」の理論が組み込まれている（二章・三章では君主の資質や義務が扱われており、イスラーム的君主の規範を説く君主鑑に近い内容である）。この著作の研究は現状少ないが、イブン・ハルドゥーンの王権論と伝統的なイスラーム的統治論の接合を試みたものという評価がある［Azmeh 1990: 146, 156-157］。とはいえイブン・アズラク自身の見解も随所に述べられており、キリスト教徒の王権の歴史的展開を考察するなど独自の要素もみられる。

『王権の諸性質』が彼の生涯のどの時期に執筆されたかについては、確かなことは言えない。しかし、「序説」からの体系的な引用の仕方からみて、イブン・アズラクがこれを継続的に閲覧可能な環境で執筆を行ったことはまず間違いない。彼が『イバルの書』を知ったのは遊学中という可能性もあるが、おそらくグラナダでも既に閲覧可能な状態になっていたのではないだろうか。

本項ではエジプトを中心に、イブン・ハルドゥーンが没した後の一五世紀中の『イバルの書』の流布状況を、当時の人々の証言や写本に遺された痕跡から辿ってきた。『イバルの書』は当時既に複数の写本が製作され、書庫に収められていた様子が確認でき、叙述史料の証言からみても一定の知名度を獲得していたことは確かといえる。

2 伝播と受容――オスマン朝

前項では一五世紀における『イバルの書』の流布状況をみてきた。本項ではその後、一六世紀から一九世紀までを対象に、『イバルの書』がどのような命運を辿ったかをみてみよう。

前項での考察から、マムルーク朝期のエジプトに『イバルの書』写本が複数点存在し、多かれ少なかれ読者を獲得していたことは間違いない。それにもかかわらず、今日のエジプトには、マムルーク朝期に製作された『イバルの書』写本の所蔵は確認することができない。エジプトに伝存している写本は一八世紀以降のものがほとんどであり、一四から一五世紀に製作された同時代写本の多くは、今日ではトルコに所蔵されているのである。こうした所蔵状況の偏りは、いかなる理由で生じたのであろうか。

冒頭でも触れたが、オスマン朝は一五世紀から一六世紀にかけてアラビア語・ペルシア語の書物を精力的に収集し、各地に図書館の造営を進めていた[17]。とりわけ一五一七年以降、セリム一世がマムルーク朝を滅ぼしエジプトを支配下に置いてからは、エジプトからオスマン朝へ大量の書物がもたらされたと考えられている。では『イバルの書』もそのようにして流入したのであろうか。

(1) キャーティプ・チェレビと「イブン・ハルドゥーニズム」

オスマン朝において初めて『イバルの書』に言及した著述家は、一七世紀のキャーティプ・チェレビ（別名ハッジ・ハリーファ）（一六〇九―一六五七）であると言われている。彼には『書物の名称と諸学に関する疑問の解明』と題した著作があり、これは一万五〇〇〇点にも及ぶ書物を解説した書誌である。彼はこの書のなかで『イバルの書』の構成・内容についても、短いながらも正確な説明を伝えている［*Kashf IV*: 183.］。

一七世紀以降のオスマン朝はその拡大期を過ぎ、次第に社会の停滞に対する問題意識が生まれてきた。チェレビをはじめ、この時期のオスマン朝文学にみられる循環史観的な「衰退」認識を、研究者はときにイブン・ハルドゥーンの影響に帰し、「イブン・ハルドゥーニズム」と称することがある。この用語自体は一九五〇年代にトルコ人研究者フンドゥクオウルが用いたものであるが、シカゴ大学のオスマン朝史研究者フライシャーが八〇年代に改めて提起し、一六世紀のオスマン朝の著述家にも近似した傾向がみられると論じた[18]。

オスマン朝の歴史叙述に循環史観的な盛衰観がみられるとしても、それが単純にイブン・ハルドゥーンの影響に帰せられるかどうかは多分に議論の余地もあろう。それはともかく、「序説」の伝播時期を考証している点でフライシャーの研究は重要である（フンドゥクオウルは写本の検討には踏み込んでいない）。彼はスレイマニイェ図書館所蔵アートゥフ・エフェンディ写本の所有記録に基づき、一五九八年にヴェイシ・エフェンディなる学識者がこの写本をカイロで購入してイスタンブルに持ち帰ったとした［Fleischer 1984: 47］。これにより、一五九八年という年代はオスマン朝におけるイブン・ハルドゥーン受容を考える上で一つの基準となってきた。

しかしながら、フライシャーが伝播年代の根拠として挙げたアートゥフ・エフェンディ写本は「序説」一冊しか存在しない写本である。ではオスマン朝には「序説」しか伝播しなかったのかというと、決してそうではない。今日のトルコには『イバルの書』のすべての巻が最低一写本以上は伝存しているし、先のチェレビの記述をみても、彼が第二巻以降まで含めた『イバルの書』全体の内容を把握していることは明らかである。では、第二巻以降はいつ、どのようにしてオスマン朝へもたらされたのであろうか。この問題に対する解答は、筆者の現地調査の過程でも得られていない。

（2）『オスマン宮廷図書館目録』

筆者は先の問題に対する一つの解答を、最近になって刊行された史料『知の宝庫――オスマン宮廷図書館目録（一五〇二／三―一五〇三／四）』のなかに見出している。この史料は二〇一九年に刊行されたもので、バヤズィト二世期に作成されたオスマン朝宮廷図書館の蔵書目録である。この目録のなかには、『イバルに関するザーヒルの書《キターブ・ザーヒリー・フィル・イバル》』というタイトルが含まれるのである［*The Treasure of Knowledge* II: 129］。

「ザーヒルの《ザーヒリー》」という文言は、数ある『イバルの書』写本のなかでもザーヒル・バルクークへの献呈本の系統だけにみられる特徴である。トプカプ宮殿図書館にはザーヒル写本の原本が今日まで伝存しているので、目録に記載されたタイトルがこれに同定される可能性は高い。この原本とは別の写本を指している可能性は残るが、その名称から判断するに、ザーヒル写本の系統に属す『イバルの書』であることはほぼ間違いないであろう。それを、バヤズィト二世時代の宮廷図書館は既に所有していたのである。

以上の考察が正しければ、『イバルの書』は一五〇二または三年の時点で既にオスマン朝に存在していたことになる。従来一五九八年と考えられていた伝播時期は、一挙に一〇〇年近くも遡るのである。しかしその場合、オスマン朝がエジプトを征服したのは一五一七年であるから、『イバルの書』――おそらくはザーヒル写本――はエジプト征服後に持ち出されたのではなく、何らかの要因によってそれ以前に既にイスタンブルへもたらされていたと考えねばならない。

残念ながら、ザーヒル写本の来歴を詳しく辿ることは困難である。オスマン朝君主アフメト三世（在位一七〇三―一七三〇）の印章型ワクフィーヤは存在するものの、一八世紀以前の来歴を窺わせる手掛かりはほぼない。これは逆にいえば、書籍市場などに出回り多くの人々の手を経たことはなかったとも考えられる。ザーヒル写本は君主に献呈されただけあって立派な装丁本であり、オスマン朝においても宮廷図書館に収められた程のものであるから、一個人が私的に売買したとは考えにくい。元々君主の蔵書である以上、その移動は下賜、献上、あるいは贈与といった形態をとることが想定される。また市場へ流出していたとすれば、おそらく各巻はばらばらに売買され、まとまった形で伝存することはなかったであろう。

（3）オスマン朝における『イバルの書』

次に、オスマン朝において『イバルの書』がどのように扱われていたかをみてみよう。先の『オスマン宮廷図書館目録』は、ここでも有益な情報を提供してくれる。というのは、目録における書物の分類は、その時代における学問や知のあり方を如実に反映していると考えられるからである。この目録は、一六世紀初頭のオスマン朝宮廷にはどのような書物が集められており、歴史学、王朝・王権論、学問論そして歴史の叙述といった多岐にわたる内容を含む『イバルの書』がそのなかでいかに分類されていたかを示してくれる。

この目録にはクルアーンやその注釈書、法学、神学、法源学、スーフィズムといった宗教諸学から、医学、天文学、農学、数学、幾何学といった自然学、そして統治論や詩、文学、歴史、論理学にいたる広範な分野のタイトルが収められている。「歴史」を含むセクションをみてみると、その冒頭にはアラビア語で「伝記、歴史、戦争の技芸に関する書、指導権、支配権と指導権と統治に関する書、騎士道、馬術、鷹狩、犬猟、驚嘆すべき被造物、大地の形状（地理）に関する書の分類」とある［*The Treasure of Knowledge* II: 122］。歴史というカテゴリは、支配者層が習熟すべき教養の一つに数えられていることが窺える。

このなかで『イバルの書』は「伝記《スィヤル》」と「歴史《タワーリーフ》」の項目に一つずつ確認され、ザーヒル写本は後者に分類されている。前者にみえるのは『イバルの書』の「イスラーム時代に関する抄録」が一冊、という記載で［*The Treasure of Knowledge* II: 124］、これがどのようなものであるかは判然としない。この目録にみえるのは以上の二写本のみであり、他の同時代写本は未だ伝来していなかったようである。

「伝記」と「歴史」はともに歴史書というべきタイトルを含む項目であるが、前者は預言者ムハンマドの伝記や正統カリフ、大征服などイスラーム初期の歴史を扱ったものが中心となっている。これに対し、後者にはイブン・

アル＝アスィール（一一六〇―一二三四）の『完史』やラシード・ウッディーンの『集史』（一二四七―一三一八）のような広範な世界史と、セルジューク朝史やオスマン朝歴代君主など叙述範囲の限定された歴史の両方が確認される。なかにはマムルーク朝の著述家の名も若干みえるが、マクリーズィーらによる主要なマムルーク朝史書はこの時代では未だ含まれていない。

なお「伝記」と「歴史」の後には、このいずれにも分類されない歴史関係の書を別途まとめた「その他」ともいうべき部分があり、カーフィヤズィー（一三八六―一四七四）の『歴史学に関する概要』やトゥルトゥーシー（一〇五九―一一二六）の『諸王の灯火』といった、歴史学および統治論関係の理論書もみられる。しかし、同様に理論書的な性格を有する「序説」はここに挙げられていない。

以上の記述をみると、バヤズィト二世時代すなわち一六世紀初頭の時点では、『イバルの書』は一般的な歴史書としてのみ分類されていたようである。「序説」だけが別扱いされることはなく、「序説」一冊のみの独立した写本らしきものもみられない[19]。

その一方で、オスマン朝時代に製作された写本は『イバルの書』のなかでも第一巻、すなわち「序説」のものが大半を占めていることもまた事実である。また一八世紀になると、「序説」のオスマン語への翻訳という、イブン・ハルドゥーン受容を考える上で非常に重要な試みもなされている。オスマン朝における学識者の多くは元々アラビア語やペルシア語にも精通しており、チェレビのようにアラビア語で著述を行うものもあったのだが、オスマン語への翻訳により、「序説」部分だけが一層広範な読者を獲得するに至ったと考えられる。

（4）アラビア語からオスマン語へ

「序説」のオスマン語訳は一八世紀前半、ピーリーザーデ・メフメト（一六七四―一七四九）によって着手された。

今日伝存しているオスマン語の「序説」写本は、基本的には彼に帰せられている。彼は一七二五年から五年の歳月をかけ、「序説」全六章のうち、第五章までの翻訳を完成させた。第六章のみ省かれたことは奇異に思われるかもしれないが、第六章は学問論であり、なかには錬金術や数秘術、占術などに関わる神秘的な記号、今日でも解釈の困難な謎めいたテクスト、高度なアラブ詩論などを含む研究者泣かせの部分であるため、翻訳されなかったのも故なきことではない。第六章を含む完全なオスマン語訳は、一九世紀後半のアフメト・ジェヴデト（一八二二―一八九五）による印刷版の刊行を待つことになる。

また『イバルの書』の歴史部分に関しては、一九世紀のオスマン官人アブデュッラティフ・スブヒ（一八一八―一八八六）が第二巻から第三巻にかけて部分的に翻訳を行ったことが確認できる。彼は幼少期にエジプトへ渡り、ムハンマド・アリー政権下で父とともに長く政務に携わった経験を有する人物である。彼の翻訳には、『イバルの鍵《ミフターフ・ル・イベル》』というタイトルが冠されている。

但し、オスマン語への翻訳を以て、オスマン朝におけるアラビア語版『イバルの書』の流布が一八世紀以降途絶えたとは思われない。スレイマニイェ図書館のヌール・オスマニイェ分類には、一八世紀にアラビア語で筆写された「序説」写本が複数点確認でき、これらのなかには、『イバルの書』の後続の巻からの抜粋を含んでいるものも存在するのである。依然として、『イバルの書』全体を読むにはアラビア語写本を利用するしかなかったのである。

以上、本節では『目録』と翻訳の成立を中心に、オスマン朝における『イバルの書』の伝播と受容を考察してきた。『イバルの書』の存在がオスマン朝に知られた直接の契機は定かでないが、当初は一般的な歴史書として伝わり、次第に「序説」がある程度独立した理論書と認識されるようになっていったことが窺える。

3　筆写から印刷へ——近代エジプト

以下では再び、エジプトの状況をみてゆこう。一五世紀以降、多くの『イバルの書』写本がエジプトから持ち出されていたことは先に触れた。エジプトから完全に失われたわけではないにせよ、一六世紀と一七世紀に関しては、エジプトで『イバルの書』がいかに読まれていたかを窺わせる手掛かりは少ないのである。今日エジプトに残る『イバルの書』写本は主として一九世紀に筆写されたものであるが、一八世紀に筆写されたものが少なくとも二点、またオスマン官人がもたらしたと思われるオスマン語版「序説」も若干数存在している。

エジプトで『イバルの書』を含め、アラビア語での歴史編纂をめぐる新たな動きがみられるのは、ムハンマド・アリー（在職一八〇五―一八四九）のエジプト総督就任に始まる、ムハンマド・アリー朝の時代である。

エジプトの一八世紀は、ナポレオンの侵攻とともに終わりを告げた。それに続く「長い一九世紀」は、ヨーロッパとオスマン朝の狭間で近代化と独立の道を模索する時代であったといえる。ムハンマド・アリーはマケドニア出身のオスマン軍人でありながら、総督としてエジプトの近代化政策を独自に推し進め、オスマン朝からの事実上の独立を達成したという人物である。彼の近代化政策は軍事・産業面に比重が置かれたものではあったが、ヨーロッパへの留学生の派遣、ブーラーク印刷所の設立など、文化面でも意義ある政策が始まっている。但し、こうした文化事業が本格的に実を結ぶのは、ムハンマド・アリーの後継者達の治世に入ってからである。

一九世紀に『イバルの書』写本が多数制作されている事実は、ムハンマド・アリー朝の時代に生じたアラビア語歴史叙述の新動向と無関係ではない。ナポレオンの侵攻に始まる西洋との接触は、アラビア語歴史叙述に世界観の再拡張をもたらしたのである。

アラビア語歴史書は元々、アラブ人やイスラーム共同体（ウンマ）の歴史だけを記述していたわけではない。タバリーなど古典期の歴史書では、古代ペルシアやイスラエル、ギリシア、ローマ帝国などイスラーム成立以前の時代も多かれ少なかれ扱われていた。しかしながら、キリスト教勢力と境界を接するイベリア半島、十字軍などの例外を除けば、中世のヨーロッパに対する関心や情報源は限られていたのである。より時代が下ってアイユーブ朝やマムルーク朝の時代になると、エジプトやシリアでは世界史ではなく、地方史や特定の王朝の歴史など、記述範囲を絞ったジャンルが主流となった。同時に、出来事を年月日に即して配列する年代記の方式が高度に発達した。この方式は、正確な年月日を把握することが困難な遠隔地や異民族の歴史を著すには適さなかった。このような事情もあって、近代以前のアラビア語歴史叙述においてヨーロッパ史が主題となることは稀であった。

こうした状況を大きく変えたのは、ムハンマド・アリー期以降にヨーロッパへ派遣され、やがて改革派知識人として活動し始めた留学生達であった。その代表的な人物はリファーア・タフターウィー（一八〇一—一八七三）である。「近代化の父」ムハンマド・アリーに比べれば本邦での知名度は高くないが、数いる改革派知識人のなかでもひときわ重要な人物であり、『イバルの書』印刷版の刊行にも大きな役割を果たした。

タフターウィーはイギリス占領下の一八〇一年に生まれ、アズハルで教育を受けた。一八二六年、留学生チームの一員としてパリに派遣された彼は近代ヨーロッパの学問、技術を学び、黎明期のフランス東洋学を担った何人かの東洋学者とも知己になった。そのなかには、ヨーロッパにおけるイブン・ハルドゥーン研究の先駆者シルヴェストル・ドゥ・サスィー（一七五八—一八三八）もいたのである。

五年間にわたるパリ滞在を経て帰還すると、タフターウィーはカイロで翻訳学校の長となり、ヨーロッパ諸語の文献の翻訳・刊行を進めた。これらは軍事・産業改革を推進するムハンマド・アリーの関心を反映して、技術書や軍事マニュアルが中心ではあったが、そのなかにはヨーロッパの歴史家の著作も少なからず含まれていたのである。

翻訳書を通じてヨーロッパの歴史学に触れた知識人達はやがて、自分達の歴史を新しいかたちで記述しようと試み始めた。中世以来のアラビア語歴史叙述の伝統とヨーロッパの知見や様式が結びつき、新たな「エジプト史」や世界史を編纂するムーヴメントへと結実していったのである。[20] またタフターウィーの関心はヨーロッパのみならず、ムスリムの知的遺産にも等しく向けられていた。ムハンマド・アリーの子で四代目のエジプト総督に就任したサイード・パシャ（在職一八五四―一八六三）に対し、タフターウィーは依然として筆写が中心であったアラビア語古典文献の印刷出版を進言したのである［Shayyal 1962; Choueiri 2003: 17-31; *EI2*, "Rifā'a Bey al-Ṭahṭāwī"（K. Öhrberg）］。サイード・パシャ治世中の一八五八年に第一巻「序説」、さらに一八六七年に『イバルの書』全七巻の刊行が実現した背景には、このような事情があった。エジプト人学者ナスル・フーリーニーによって校訂され、ブーラーク印刷所で印刷されたこの版は一般に「ブーラーク版」と呼ばれている。

こうした背景を踏まえると、いわゆる「西洋における再発見」といえるか否かは別としても、一九世紀に『イバルの書』読解の大きな転機が訪れたことは事実である。印刷本の普及は従来よりもさらに広範な読者層の創出に繋がったはずであり、西洋との接触に始まる歴史学自体の変容もまた、アラビア語古典に対する学識者の認識の変化をもたらしていた。

3　『イバルの書』写本の足跡

（1）一八・一九世紀エジプトにおける『イバルの書』

以上のような背景を踏まえた上で、一八世紀以降のエジプトにおける『イバルの書』写本をめぐる状況を検討しよう。『イバルの書』の出版事業はサイード・パシャの時代に着手されたわけだが、それにあたっては当然、元となる写本が存在していなければならない。しかし先に触れたように、主要な『イバルの書』写本は一六世紀以降イスタンブルへの流出が確認されている一方で、一六から一七世紀のエジプトにおける伝存状況は不透明なのであった。では、一八世紀以降に製作され、今日我々が目にしている写本は何を元に筆写され、何処から現れたのであろうか。

エジプトの『イバルの書』写本は一八世紀と一九世紀のもの、加えて筆写年代の不明なものに大別でき、それぞれ「序説」のみの写本と、複数の巻が組になったものが存在している。以下では主だった写本を紹介した後、ブーラーク版印刷本のテクストがどのように作られたかを考察するという形で論を進める。まず、より年代の古い一八世紀から二組の写本を取り上げよう。

①一八世紀成立の『イバルの書』

『イバルの書』の複数巻からなる写本はエジプト国立図書館に三組が確認でき、そのうち二組が一八世紀の写本を含んでいる。なかでもひときわ重要性が高いのは、歴史分類のタルアト二一〇六という写本である。「タルアト」とは、二〇世紀前半に私家蔵写本コレクションを国立図書館へ寄贈した人物、タルアト・ベクの旧蔵書であったことを示す。筆者が二〇一六年に初めてエジプトを訪れた際、最初に調査を行ったのがこの写本である。これは寄せ集めながらも一応全七巻が揃っており、そのうち一、二、三、五巻は筆写年代が特定可能である。

第一巻「序説」をみてみよう。この写本は冒頭に、「これは「序説」のムサウワダである……」と書かれた写本からの写しである旨が明記されている。先に触れたように、これは一五九八年にイスタンブルへと持ち出されたアートゥフ・エフェンディ写本にイブン・ハルドゥーン自ら書き込んだ内容であるから、アートゥフ・エフェンディ写本から直接、あるいは写しを介して筆写されたことになる。その筆写年は一七〇六年、書記はアブドゥルカーディルという名で、帰属名《ニスバ》は「シャーズィリー」、法学派は「マーリキー」と書かれている。

以上をもとに、この書記の属性を推定してみよう。シャーズィリーとは北アフリカを中心に活動するスーフィー教団、シャーズィリーヤに所縁ある人物であることを示す。マーリキーとはマーリク法学派に属す人物という意味で、この法学派はマグリブが中心だがエジプトのアレクサンドリア等にも拠点があった。一方、オスマン朝政府はハナフィー法学派を公認としていたので、イスタンブルでマーリク法学派は主流ではなかった。以上のことから、この書記は北アフリカ出身者であると推定できるが、単に北アフリカというのではやや大雑把である。そこで、本文の書体にも着目しよう。本文はマグリブ書体ではなく、エジプト以東で主流の平易なナスフ体で書かれている。ナスフ体の『イバルの書』写本はオスマン朝時代のものには少なく、書記自身の属性と併せて考えると、この書記がエジプトか、少なくとも東方の人物である可能性は高い。

この写本はどのような経緯で作成されたのであろうか。一五世紀以降もアートゥフ・エフェンディ写本の系統がエジプトで筆写され続けていたか、あるいはオスマン官人などがイスタンブルからもたらしたのかもしれない。いずれにせよ重要なことは、イブン・ハルドゥーンの直筆を含む「序説」の最重要写本であるアートゥフ・エフェンディ写本の系統がエジプトに再び確認できるという事実である。

続いて、第二巻以降に目を転じよう。これらにも顕著な特徴があり、何と第二〜七巻はすべてマグリブ書体で書かれているのである。したがって、先ほどの第一巻とは由来を異にする可能性がかなり高いと推定できる。第二巻をみると、その書記はカフスィーといい、この巻の筆写年は一七九七年である。その奥付には「我らが主人たるいと高き王の書庫……」と、支配者の蔵書に由来することを示す記述があり、それは「イフリーキーヤの諸王の一人」ハンムーダ・パシャという人物である。これはオスマン朝下のチュニス州総督ハンムーダ・パシャ（在職一六三一―一六六六）であると推定できる。

この写本の筆写年代とハンムーダ・パシャの生きた年代にはずれがあるが、これは書き写す際に、原本に含まれていたハンムーダ・パシャへの献辞をそのまま書き写したことが原因ではないだろうか。つまりこの巻は、かつてチュニスでハンムーダ・パシャが所有していた写本を元にして一八世紀末に書き写されたのである。[21] 書記の名であるカフスィーとはチュニジアの都市カフサ（ガフサ）の出身者という意味であり、マグリブ書体で筆写している点とも合致する。それにしても、第二巻という中途の巻に献辞が記されるのは稀な例である。

続く巻のなかでは、三巻・五巻の筆写年代と書記が判明している。これらは一八二七年の四月と九月にそれぞれ書き上げたものとある。また第七巻には、読者らしき人物の書付に一七六七ないし一七六八年という年号がみえ、この年までには完成していたらしいことが窺える。しかし、写本の由来が窺えるような手がかりは見当たらない。タルアト二一〇六から得られる情報はひとまず以上である。

エジプト国立図書館にはもう一点、マグリブからもたらされたと考えられる写本が存在する。これはシンゲッティ写本と称され、一七二五年にグマーリーという名の書記によって筆写されたものであり、モロッコに現在まで続くアラウィー朝の君主イスマーイール（在位一六七二―一七二七）への献辞が含まれている。

筆者は二〇一六年の秋頃から、この写本を調査し始めた。まずマイクロフィルムの画像を取得したのだが、画像が不鮮明でうまく判読できない頁が多数ある（エジプトの古いマイクロフィルムにはよくあることである）。また目録によるとこの写本は二巻組のはずだが、聞けばマイクロフィルムは一巻分しか確認できないという。こうなると、現物を閲覧しに行くよりほかに手はない。

写本の現物はナイル川沿いの国立図書館本館に所蔵されている。在エジプト日本大使館文化部やＪＳＰＳ（日本学術振興会）研究連絡センターに依頼して紹介状を書いてもらい、幸いにも現物の閲覧許可を得られた（予算の都合上、現物の複写は断念した）。筆者が本物の写本を手に取ったのはこの時が初めてである。見たところ、この写本は『イバルの書』全七巻を二巻本に縮約したもので、明瞭なマグリブ書体で綴られた清書版である。マイクロフィルムでは確認できなかった、装飾やカヴァーの質感もつぶさに確認した。その緻密な装飾や重厚な装丁から推察するに、これは献呈本から写した別写本ではない、イスマーイールに献呈された原本そのものである可能性が高いように思う。しかし、この写本がなぜ遠く離れたモーリタニアの都市であるシンゲッティの名を冠し、いかなる経緯でエジプトに存在しているのかは今のところ不明である。

②一九世紀成立の『イバルの書』

引き続き、一九世紀に製作された主要な『イバルの書』写本を取り上げてみよう。最初にアズハル図書館所蔵の写本を紹介したい。

タフターウィーやそれに続く改革派知識人を輩出したアズハル学院であるが、ブーラーク印刷所の操業後も筆写の伝統が維持されていた。今日のアズハル図書館は、行政機構として整備されたアズハル機構の管理下にあり、ここに二組の『イバルの書』写本が確認される。

一つはブーラーク版の底本といわれている、歴史分類アバーザ六七二九と称する写本である。その筆写は一八五三年であり、書記はアフマド・ブン・ユースフ・アズハリーという人物である。おそらくアズハルの学生であろう。「序説」を除いた、『イバルの書』第二から第七巻までが組になっている。率直に言ってこの写本の質は良くなく、かなりの数の脱落や誤植が存在する。また、幾つかの単語の表記法などの点で、他の写本と異なる特徴を有している。この写本の重要な点は、欄外にブーラーク版の校訂者フーリーニーによる註釈が含まれる点である［Badawī 2006: 100］。

筆者は二〇一七年六月からアズハル図書館を訪問し、この写本の画像データを取得してブーラーク版との照合を行った。両者の間には多くの共通点が見出され、確かに校訂のベースとなっていることが窺える。ただし、無視できない不一致点も散見される。何より、この写本は第一巻「序説」が欠本となっている上、第二巻の後半が大きく脱落している。ブーラーク版はアバーザ六七二九をベースとしつつも、別写本を用いて部分的な補完を行っていることは明らかであった。

さらにアズハル図書館で調査を進めると、四巻組の写本が確認された。残念ながら保存状態が悪く、虫食いだらけという有り様である。管見の限りではこれまで研究者が利用したことはなく、写本目録にも記載はない。長く書庫に眠っていた写本が近年になって整理されたとみられる。こちらは第三巻の奥付に一八三七年筆写とあり、アバーザ六七二九より年代は古い。やはり「序説」はなく、また第四、第五巻も欠本している。今後も新たな写本が整理されてゆく可能性は残るが、筆者が現時点で確認できているのはここまでである。

エジプト国立図書館に話を戻そう。一九世紀成立の写本でまず挙げられるのは、『イバルの書』第二～七巻までを含む歴史分類五三四三というものである。この写本は二〇一八年の一月に調査を始めていたが、ある日突如として史料の複写料金がおよそ三〇倍（一枚当たり〇・七五エジプトポンド→二五ポンド！）に増額され、かつ一日当たりの複写枚数にまで制限がかかるという不測の事態に見舞われ[22]、取得が終わらなかった。そのため『イブン・ハルドゥーン著作目録』に基づいて紹介しよう。

『イブン・ハルドゥーン著作目録』によると、この写本は一八三六年から三八年にかけて筆写されたもので、各巻の筆跡もほぼ共通している。その書記の名はラムラーウィーという。原本については窺えないが、全体がナスフ体で書かれている［Badawī 2006: 97-100］。写本の由来は窺えないが、筆写年代や書体の統一性からみて、エジプトで筆写されたものであろう。

もう一点、「序説」のみの写本を紹介したい。それは歴史分類タイムール六一二というものである。この写本はバンハーウィーという書記が一八五四年に筆写したものである。マリーン朝君主への献辞を含んでいることから、フェズ系統に属すと考えられるが、より重要なのは、ブーラーク版の校訂者フーリーニーが註釈を付している点である。この註釈は一八五六年に書かれた。すなわち、この写本はブーラーク版刊行の四年ほど前に製作され、二年前から校訂者が利用していたのである。

ここまで、エジプトで調査した主要な写本の紹介を行ってきた。成立年代はいずれも新しいが、『イバルの書』

全七巻をすべてカヴァーするだけの写本が伝存している。また重要なのは、マグリブ由来の写本が複数確認できる点である。このことは、オスマン朝統治下のエジプト・マグリブ間に写本を介した交流が存在したことを示唆しているが、これに関しては今後の課題としておきたい。

(2) ブーラーク版テクストの形成

以上のように、著者の同時代写本こそないものの、エジプトにも多数の写本が伝存しており、『イバルの書』全七巻を一応すべてカヴァーしている。ここでは、どのようにして写本から印刷本のテクストが作成されたかを考えてみたい。

ここで留意しておくべきは年代である。ブーラーク版「序説」の刊行は一八五八年、『イバルの書』全七巻揃っての刊行は一八六七年であるが、エジプト国立図書館の設立はこれより後の一八七〇年で、アフマド・タイムールやタルアト・ベクらの私家蔵写本コレクションが国立図書館に寄贈されたのはさらに後のことなのである（分類に「タイムール」、「タルアト」などとついているものがそれにあたる。これらはアラビア語古典を多数含んでいる）。国立図書館には史資料の集積が行われていない時点で、ブーラーク版校訂は何を基に作られたのであろうか。

まず「序説」については、校訂者フーリーニーは欄外註で「チュニス」、「フェズ」と称する二つの写本に言及していることが知られる。そしてブーラーク版「序説」には、チュニスのハフス朝とフェズのマリーン朝それぞれの君主に向けた献辞が併せて記載されているのである。このことから、「チュニス」とは前者、「フェズ」とは後者の系統を指していると推定できる。

そうであれば「フェズ」とは、エジプトにあってフェズ系統の献辞を含み、校訂者が利用した痕跡を含む写本、タイムール六一二ということになる。それに対し、「チュニス」すなわちハフス系統に当たる写本は、現在のカイロでは所蔵が確認できないのである。現状では、ハフス系統に分類できることが確実視される写本は大英図書館にしか存在しないといわれる。あるいは、今日の図書館には所蔵されていない、何らかの私家蔵写本を用いたのかもしれない。

そして、ここにザーヒル系統の写本が含まれていない点を見落としてはならない。フーリーニーは校訂の際、イブン・ハルドゥーンの直筆入り写本に遡るタルアト二一〇六の第一巻を含め、少なくともザーヒル系統の「序説」は使用できなかったと考えられるのである。

では、『イバルの書』第二巻以降の部分についてはどうか。先に触れたが、アズハル写本アバーザ六七二九には校訂者が利用していた形跡がある。分量自体が多いため、細かい判断材料はここでは提示しきれないが、アズハル写本とブーラーク版にはかなりの共通点がある。そして、アズハル写本と他の写本にはかなりの相違がある。

例えば、ブーラーク版には非常に多くの脱落があることがかねてより知られている。なかでも、第三巻にある「フサイン・ブン・アリーのクーファ行きと彼の殺害」という節は有名なカルバラーの悲劇[23]の顛末を記した節であるが、ここには葉数にして一〇葉以上に及ぶ脱落がある。これほど大きな脱落は、アズハル写本以外の写本にはみられない。このように、写本の脱落が印刷本にまで残ってしまっている事実は、校訂者が他の良質な写本、例えばタルアト二一〇六やシンゲッティ写本などを用いて補完できる状況にはなかったことを示唆している。

以上の考察をまとめると、校訂者が何を使わなかったかは相当な程度に分かるが、何を使ったかについては「フェズ」とアズハル写本のわずか二写本しか分からないということになってしまう。しかし、校訂者が当時いかに限られた写本からテクストの再構築を行っていたか、良質な『イバルの書』写本を収集することがいかに困難であったかを窺い知ることはできよう。国立図書館が設立される以前のエジプトで、アラビア語古典文献がどのように収集・管理されていたかを具体的に知ることは難しいが、本書で紹介してきた写本の多くは、たとえモノとしては存在していても、未だ広く利用に供されてはいなかったのではないか。パリに遊学し、ヨーロッパの東洋学に触れたリファーア・タフターウィーは、イブン・ハルドゥーンに対して明らかに特別な関心を寄せていた［森本 一九八〇：三九〇―三九一］。そのタフターウィーの進言から始まった出版事業で、当のイブン・ハルドゥーン著作を校訂出版する使命を帯びたフーリーニーでさえ、満足な写本を活用できる状況ではなかったのである。

おわりに――イブン・ハルドゥーンの近現代

本書では、エジプトとトルコを主に、一四世紀から一九世紀まで、印刷本の普及以前における『イバルの書』写本の足跡を辿ってきた。写本の伝存状況のばらつき、何より筆写自身の調査の進捗状況もあって網羅的というには程遠いが、主要写本については一通り考察できたように思う。

本書を通じて筆者が試みたのは、一つの歴史的テクストがどのようにして読解・継承されてきたかを辿るというインテレクチュアル・ヒストリー的な試みをイブン・ハルドゥーン研究に結び付けるという、少々変則的な方法であった。最後に、本書の内容が現在までのイブン・ハルドゥーン研究とどのようにかかわっているかを付言しておきたい。

現代のイブン・ハルドゥーン研究は社会学、歴史学、文化人類学など複数の学問領域に広くまたがっている。このようなイブン・ハルドゥーン研究のあり方は、一九世紀のヨーロッパにおいて原型が形作られた。シルヴェストル・ドゥ・サスィーの弟子達は、ブーラーク版『イバルの書』の刊行に先立って「序説」とそれに続く幾つかの巻のフランス語訳およびアラビア語校訂を既に刊行していたのである。彼らはイスタンブルや、植民地化政策を進めていたアルジェリアを通じて獲得された信頼性の高い写本を利用しており、質の高いテクストが校訂されていた。

元々、ヨーロッパにおいてアジアや北アフリカなどオリエントへの関心が現れ、旅行やテクストの収集が始まったのは一七世紀頃である。それに続く、学問分野としての「東洋学（オリエンタリズム）」が成立したのは一八世紀末とされる［工藤　二〇〇三：三七二―三七三、Bevilaqua 2018］。これに対し、イブン・ハルドゥーンに対する本格的な関心の芽生えは一九世紀の前半であるので、時期的に見れば決して早いとは言えない。しかし、彼の著作の翻訳がひとたび刊行されると、その思想は数十年のうちにヨーロッパ全土の知識人の間に波及していったのである。

植民地主義が席巻する一九世紀ヨーロッパという時代ゆえ、オリエントの「アラブ」や「イスラーム」が野蛮、迷信的といったネガティヴ・イメージを伴って表象されることは避けられなかった。エドワード・サイードがこうした「オリエンタリズム」を批判し、他者表象のあり方について鋭い問題提起を行ったことは知られている[24]。ここで特筆すべきは、この時代のヨーロッパにあってなお、イブン・ハルドゥーンがそうしたイメージとは無縁の存在として語られてきた事実である。むしろ東洋学者達は「序説」に語られる彼の思想に、西洋のそれに通ずる近代的理性を見出し、あるいは投影しつつ語ってきた。彼は「暗黒の中世」から生まれた存在でありながら、同時に「アラブのモンテスキュー」であり、古代ギリシア的理性の継承者でもあるという、オリエンタリズムの見地からすればきわめて特異な立ち位置を与えられた人物であった[25]。

このような傾向は第二次世界大戦以降、植民地主義の終焉やムスリム研究者の本格的参入とともに徐々に下火になっていった（絶えたわけではない）。イブン・ハルドゥーンは中世、イスラームそしてマグリブ部族社会といった文脈へと「返還」され、厳密な歴史学的研究も積み重ねられてきた。モロッコ人研究者シェッダーディーのように、近代性との関連付けに偏重することなく、実証的でバランスの取れたイブン・ハルドゥーン像を提示しているものもある［*EI3*, "Ibn Khaldūn"（Cheddadi）］。

ただし、イブン・ハルドゥーン研究の全体的な傾向としては、彼を前近代の時代的・地域的・文化的文脈で捉え直すという方向性が、彼の理論の「先駆性」や「近代性」の否定にはそれほど帰結しなかったという点に注意が必要である。社会モデルとしてのイブン・ハルドゥーンの理論に対する信頼は大戦後も大きく揺らぐことはなく、ゲルナー［一九九一］のように、分析モデルとして積極的に応用する研究も現れた。とくに二〇世紀の後半以降、ムスリム研究者の側がイブン・ハルドゥーンをマルクスやウェーバーら近代西洋の思想家と同列に位置付け、社会学をはじめとする社会科学に積極的に応用する傾向が生じてきた。「社会学の脱ヨーロッパ中心主義」を掲げるネオ・ハルドゥーン社会学［Alatas 2015］などはその代表である。

また二一世紀には、研究動向とは別の、いわば象徴的次元でも一つの動きがみられた。アメリカのイスラーム研究者アクバル・アフマドは、アメリカ同時多発テロ事件の翌年二〇〇二年に「イブン・ハルドゥーンの文明認識、および現代におけるイスラームと西洋のディレンマ」と題する興味深い論攷を発表している。アフマドはこの論攷のなかで、サミュエル・ハンティントンの『文明の衝突』に代表される欧米視点での「イスラーム文明」表象へのアンチテーゼとして、ムスリム自身による「イスラーム文明」観を提示しようと試みた［Ahmad 2002］。そして、彼が「イスラーム文明」の語り手として選んだのが、他ならぬイブン・ハルドゥーンだったのである。(26) またこの頃、日本でも森本公誠による「出でよ、第二のイブン＝ハルドゥーン——バーミヤン大仏破壊から同時多発テロを経て」が出ている［森本 二〇〇二］。

アメリカ同時多発テロを経て反ムスリム感情が高まりを見せたこの時期、「西洋」と「イスラーム」という「衝突」する両者から肯定的評価を獲得してきた歴史をもつイブン・ハルドゥーンに、「イスラーム文明」なるものの代弁者という役割が期待されたのである。これは、いかに先駆的とはいえあくまで前近代マグリブの一思想家であるイブン・ハルドゥーンが、彼本来の時代・地域という枠を超え、ある種の象徴的存在として語られはじめたことを意味していたのではないだろうか。イスラーム諸国の近代化や経済発展の進展に伴い、この潮流は確かな存在感を獲得している。今日イブン・ハルドゥーンは、テロ・暴力的・後進的という「イスラーム文明」イメージを払拭する一種の知的象徴として、新たな現代的意義を獲得しつつあるようにみえる。

こうした潮流の方向性の是非は別にして、一四世紀の人物でありながらこれほどまでに現代的関心が注がれ続けている例は世界的にも多くはないのではないか。このような意味で、イブン・ハルドゥーンの著作は正しく「古典」の名に相応しいだろう。我々が数百年も前の知識の恩恵に与ることができるのは、テクストを継承する不断の営みのおかげである。思想史の観点から考えたとき、研究者は（筆者自身も含め）しばしば「序説」の思想に傾倒し、イブン・ハルドゥーンの思想的「影響」という尺度に頼ってしまいがちである。だが実際には、人々はそのような「影響」の有無などとは関係なく『イバルの書』を読み、写本を製作し、テクストを継承してきたのではないか、現地で目にしてきた写本データの山こそその証左ではないのか、というのが本書の根底にある問いであった。

本書はこうした、イブン・ハルドゥーン研究史のなかで大きく扱われることのなかった写本をめぐる営みに焦点を当てたものである。本書を通じて、前近代におけるテクストの伝播、それに伴うイブン・ハルドゥーン理解の変容やその多様性にスポットを当てる意義が伝われば幸いである。

注

（1） 原則として、本書では『歴史序説』などと、二重鍵括弧付きの独立タイトル表記にはしない。これは筆者が『イバルの書』を以て一つのタイトルとみなし、その一体性を重視する立場を採っているためである（『イバルの書』の第一巻が『歴史序説』である、とすると独立タイトルのなかに別のタイトルがあるかのようになってしまう）。但し、参考文献の書名を記す場合のみ二重鍵括弧を用いる。

（2） ハルドゥーン家およびイブン・ハルドゥーンの来歴については［*'Ibar* XIV］後半の「自伝」部分を参照。なお、『イブン・ハルドゥーン自伝』の表題で部分的に日本語訳も刊行されている。詳細は巻末の文献一覧を参照のこと。またイブン・ハルドゥーンの生涯については、［森本　一九八一］の第二章に詳しくまとめられている。

(3) この時期のマグリブ情勢については［Abun-Nasr 1975: 119-158］。

(4) 法官とは、イスラーム法に基づき司法業務を執行する裁判官である。その職務は訴訟の裁決、寄進財やモスク等の財産管理など多岐にわたる。マムルーク朝における大法官（カーディー・アル＝クダー）職はシャーフィイー、ハンバリー、ハナフィー、マーリキーという、スンナ派の主要な四法学派それぞれに設けられており、イブン・ハルドゥーンはマーリキー派の大法官を務めた。

(5) イブン・ハルドゥーンの思想や生涯に関する概説書・研究書はきわめて多く、その全てを網羅することは不可能である。日本語の単著としては現状［森本　一九八一］が唯一のものである（二〇一一年に講談社学術文庫版としても再刊された）。「序説」の日本語訳は岩波書店から単行本（全三巻、一九七九―八六年）、文庫版（全四巻、二〇〇一年）として刊行されている。ローゼンタールによる英訳は、縮約版ならば各国の出版社から多数刊行されている。またイブン・ハルドゥーン研究史・研究動向に関しては、現在では［Simon 2002］が最も詳しいだろう。近年刊行された［Irwin 2015］はより簡潔ながら、わかりやすく国別にまとめている。

(6) ここでの「叡智」をphilosophyと訳出したのはローゼンタールである［*The Muqaddima* I: 6］。しかし叡智の字義は多様であり、今後も議論を要する問題であるだろう。

(7) アラビア語で「歴史」を意味する語としては、主にta'rīkhとakhbārが用いられる。前者は元々「暦」の意味であり、「歴史」と「歴史書」の意味で現在では広く用いられる。一方後者は「情報」や「報告」といった意味に由来し、特定の事件に関する歴史的報告といった意味になる［Rosenthal 1968: 11-17］。ここの引用文の「ターリーフとは……アフバールである」という表現は直訳すると「歴史とは……歴史である」となってしまうので、アフバールの方は「歴史的報告」と訳出した。

(8) マスウーディーはインドやペルシアなど各地を旅行し、多数の著作を著したとされるが、現存するのは『黄金の牧場と宝石の鉱山』、『提言と再考の書』の二著作のみである。マスウーディーを含め、アラビア語歴史記述の萌芽とその展開に関しては［Rosenthal 1968; Khalidi 1994; *EI2*, "Ta'rīkh"（R. S. Humphreys）; 林・桝屋　二〇〇五］を参照。

(9) アズメフによれば、中世のアラブ史家がみずからの伝える歴史的なナラティヴに絶対的な信憑性があると主張したことはなかった。彼らにとっての主要な関心事はむしろ、情報の伝達者の信頼性であった［Azmeh 2007: 139］。

(10) 例えば［*Tanbīh*: 2-5, 329-337］など。

(11) この世代階層という観念についてはアズメフが若干の考察を行っている［Azmeh 1990: 16-27］。

(12) なお、アッバース朝と唐朝が干戈（かんか）を交えた七五一年のタラス河畔の戦を通じて、唐朝側の捕虜が製紙法を伝えたという有名な逸話の信憑性は現在では疑わしいとされているが、清水は八世紀におけるアッバース朝の中央アジア進出が製紙法伝来の契機となったこと自体は事実と論じている［小杉・林　二〇一四：三〇―四四、桝屋　二〇一四：一九―二〇］。

(13) ワッラークとしては、一〇世紀のバグダードで活動したイブン・アンナディームと呼ばれる人物が特に著名である。ワッラークの活動実態に関しては［後藤　一九九二］を参照。

(14) 巻頭頁の中央に配される円形もしくは楕円形、アーモンド形、多弁形の装飾メダイヨンに放射状の線を加えたデザインの彩飾［桝屋　二〇一四：一二七］。

(15) こうした外部的情報に関しては［François 2005: 311-344］を参照のこと。

(16) マクリーズィーとイブン・ハルドゥーンの交流については［Irwin 2003］を参照。

(17) こうした動きは君主自身が推進したのみならず、高官などがパトロンとなって私設図書館を設ける例も多々ある。オスマン朝における図書館の歴史と運営組織については［Erünsal 2008］を参照。

(18) 「イブン・ハルドゥーニズム」については［Fındıkoğlu 2010(1953); Fleischer 1984］、オスマン朝学識者にみられる社会観の変遷については［鈴木　一九九二］、オスマン朝における歴史叙述の概要は［小笠原　二〇〇四］を参照。なお、オスマン朝における「イブン・ハルドゥーニズム」の議論は循環史観的な衰退認識に議論が集中しており、歴史叙述の方法論や様式といった観点からは、今のところ論じられていないようである。

(19) 但し、『イバルの書』はセルジューク朝史やトルコ人の起源、オスマン朝の初期史など、オスマン朝の王統観とも関わる主題を幾つか含んでおり、この点で関心を集めていた可能性は指摘しておきたい。

(20) タフターウィー自身も、未完ではあるが『偉大なる繁栄の光』と題するエジプト通史を執筆している。この歴史書は、伝統的なアラビア語歴史叙述のスタイルを継承している一方で、ヨーロッパで得られた考古学的知見を活用して古代エジプトの歴代王朝を記述するなどの革新的な内容もみられる［Choueiri 2003: 20-34］。

(21) 但し、この検討から言えるのは、タルアト二一〇六の第二巻が「チュニスに存在した」一写本に由来するというだけで、かつてイブン・ハルドゥーンがチュニスのハフス朝君主に献呈した「ハフス系統」に分類できるかは不明である。

(22) これは実話である。なお、この複写料金は二〇一八年時点のものであり、二〇二一年現在の額は把握できていない。

(23) 預言者ムハンマドの孫フサインがシーア派の指導者として招かれ、クーファへ向かう途中イラクのカルバラーでウマイヤ朝軍に包囲され、戦死した事件（六八〇年）。

(24) ヨーロッパのオリエンタリズムにおけるオリエント、イスラーム認識については［工藤　二〇〇三］、とくに第III部を参照。オリエンタリズム批判については［サイード　一九九三］を参照。

(25) アズメフは、このような西洋中心的観点からなされたイブン・ハルドゥーン研究を、「イブン・ハルドゥーン現象」と呼称して厳しく批判している［Azmeh 1981］。

(26) このようなことが可能であったのは、イブン・ハルドゥーンの「ウムラーン」が長らくcivilizationの訳語で定着していたからである。ハンティントンはあくまで現代英語での「文明(civilization)」概念を問題としているが、アフマドはアラビア語である「ウムラーン」の翻訳語としての「文明(civilization)」をそれに対置させたのである。両者は字面こそ同じだが、その意味するところは相当に異なっている。

〔付記〕
本書は科学研究費助成事業(特別研究員奨励費、課題番号:19J10119、課題名「イブン・ハルドゥーン『実例の書』に関する総合的研究」)の成果の一部である。

参考文献

〈アラビア語史料および翻訳〉
Ibn al-Azraq, Abū ʻAbd Allāh.
2008 *Badāʼiʻ al-silk fī al-ṭabāʼiʻ al-mulk*. ed. Muḥammad b. Yūsuf al-Qāḍī. al-Qāhira: al-Ḥayʼa al-Miṣrīya al-ʻĀmma li-l-Kitāb.
Ibn Khaldūn, Walī al-Dīn
2006-2015 *Kitāb al-ʻibar wa dīwān al-mubtadaʼ wa al-khabar fī ayyām al-ʻArab wa al-ʻAjam wa al-Barbar wa man ʻāṣara-hum min dhawī al-sulṭān al-akbar*. ed. Ibrāhīm Shabbūḥ, Iḥsān ʻAbbās, et. al., 14 vols. Tunis: al-Qayrawān li-l-Nashr.〔*ʻIbar*〕
1958 *The Muqaddimah: An Introduction to History*. trans. Franz Rosenthal, 3 vols. London: Routledge and Kegan Paul.〔*The Muqaddimah*〕
イブン=ハルドゥーン
一九七九―一九八六 『歴史序説』森本公誠(訳)、全三巻、東京:岩波書店。
二〇〇九―二〇一六 「イブン・ハルドゥーン自伝」一―八、『イスラーム地域研究ジャーナル』一―八:四五―五八、三五―五六、四七―七二、六五―九八、七七―一〇二、三一―四九、四〇―五六、六四―九一。
Khalfa, Hajı(Kâtip Çelebi)
1964 *Lexicon Bibliographicum et Encyclopaedicum a Mustafa ben Abdallah*. ed. Gustav L. Flügel, 7 vols. New York: Johnson Reprint Corporation.〔*Kashf*〕

Mas'ūdī, Abū al-Ḥasan al-
　1894　*Kitāb al-tanbīh wa al-ishrāf*. ed. M. J. de Goeje. Leiden: E. J. Brill.（Reprinted Edition）［*Tanbīh*］
Qalqashandī, Shihāb al-Dīn al-
　1963　*Qalā'id al-jumān li-t-ta'rīf bi-qabā'il 'Arab al-zamān*. ed. Ibrāhīm al-Abyārī. al-Qāhira: Dār al-Kitāb al-Ḥadītha.
The Treasures of Knowledge
　2019　*The Treasures of Knowledge: An Inventory of the Ottoman Palace Library*（*1502/3-1503/4*）. ed. Gülru Necipoğlu, Cemal Kafadar and Cornell Fleischer. 2 vols. Leiden and Boston: E. J. Brill.
Sakhāwī, Shams al-Dīn al-
　1963　*I'lān bi-t-tawbīkh li-man dhamma al-tawārīkh*. ed. Franz Rozenthal. Baghdād: Maṭba'a al-'Anī.［*I'lān*］

〈日本語文献〉
小笠原弘幸
　二〇〇四　「オスマン朝修史官の叙法」『日本中東学会年報』二〇巻一号、一二一―一四九頁。
工藤庸子
　二〇〇三　『ヨーロッパ文明批判序説――植民地・共和国・オリエンタリズム』東京：東京大学出版会。
ゲルナー、アーネスト
　一九九一　『イスラム社会』宮治美江子・堀内正樹・田中哲也（訳）、東京：紀伊国屋書店。
小杉　泰・林佳代子（編）
　二〇一四　『イスラーム　書物の歴史』名古屋：名古屋大学出版会。
後藤裕加子
　一九九二　「イスラム世界における紙の伝播と書籍業――バグダードのワッラークを中心として」『日本中東学会年報』七号、一二三―一四三頁。
サイード、エドワード
　一九九三　『オリエンタリズム』板垣雄三、杉田英明（監修）、今沢紀子（訳）全二巻、東京：平凡社。
鈴木　董
　一九九二　「後期オスマン帝国における没落観と改革論」『東洋文化研究所紀要』一一八巻、一九三―二六五頁。

橋爪　烈
　二〇一〇　「『イブン・ハルドゥーン自伝』写本についての一試論」『イスラーム地域研究ジャーナル』二号、二五―三二頁。
林佳代子・桝屋友子（編）
　二〇〇五　『イスラーム地域研究叢書八　記録と表象――史料が語るイスラーム世界』東京：東京大学出版会。
フォン・デア・ハイデ、クラウディア・ブリンカー
　二〇一七　『写本の文化史――ヨーロッパ中世の文学とメディア』一條麻美子（訳）東京：白水社。
桝屋友子
　二〇一四　『イスラームの写本絵画』名古屋：名古屋大学出版会。
森本公誠
　一九八一　『人類の知的遺産二二　イブン＝ハルドゥーン』東京：講談社。
　二〇〇二　「出でよ、第二のイブン＝ハルドゥーン――バーミヤン大仏破壊から同時多発テロを経て」『外交フォーラム』一五巻二号、六七―七四頁。

〈欧文文献〉
Abun-Nasr, Jamil M.
　1975　*A History of the Maghrib*. Cambridge, London, New York, New Rochelle, Melbourne and Sydney: Cambridge University Press（2nd Edition）.
Ahmad, S. Akbar
　2002　Ibn Khaldūn's Understanding of Civilization and the Dilemmas of Islam and the West Today. *Middle East Journal* 56（1）: 20-46.
Alatas, Sayed Farid
　2015　*Applying Ibn Khaldūn: The Recovery of a Lost Tradition in Sociology*. London and New York: Routledge.
Azmeh, Aziz al-
　1981　*Ibn Khaldūn in Modern Scholarship: A Study in Orientalism*. London: Third World Center for Research and Publishing.
　1990　*Ibn Khaldūn*. London and New York: Routledge.
　2007　*The Times of History: Universal Topic in Islamic Historiography*. New York: Central European University Press.
Badawī, 'Abd al-Raḥmān al-

2006 *Mu'allafāt Ibn Khaldūn*. al-Qāhira: al-Majlis al-A'lā li-l-Thaqāfa.

Bevilacqua, Alexander

2018 *The Republic of Arabic Letters: Islam and the European Enlightenment*. London and Cambridge: The Belknap Press of Harvard University Press.

Choueiri, Youssef M.

2003 *Modern arab Historiography: Historical Discourse and the Nation State*. London: Routledge Curzon.

Erünsal, İsmail E.

2008 *Ottoman Libraries: A Survey of the History, Development and Organization of Ottoman Foundation Libraries*. Cambridge: The Department of Near Eastern Languages and Literatures, Harvard University.

Fleischer, Cornell H.

1984 Royal Authority, Dynastic Cyclism and "Ibn Khaldūnism" in Sixteenth Century Ottoman Letters. In *Ibn Khaldūn and Islamic Ideology*, ed. Bruce B. Lawrence, pp. 46-68, Leiden: E. J. Brill.

Fındıkoğlı, Z. Fahri

2010 Türkiyede İbn Haldunizm. In *Fuad Köprülü Armağanı: Mélanges Fuad Köprülü* (60. Doğum Yılı Münasebetiyle), ed. Ankara Üniversitesi Dil ve Tarih Coğrafya Fakültesi, pp. 153-164. Ankara: Türk Tarih Kurumu Basımevi (First Published in Istanbul: Osman Yalçın Matbaası, 1953).

Irwin, Robert

2003 Al-Maqrīzī and Ibn Khaldūn, Historians of the Unseen. *Mamlūk Studies Review* 7(2): 217-230.

2018 *Ibn Khaldūn: An Intellectual Biography*. Princeton and Oxford: Princeton University Press.

Khalidi, Tarif

1975 *Islamic Historiography: The Histories of Mas'ūdī*. Albany: State University of New York Press.

1994 *Arabic Historical Thought in the Classical Period*. Cambridge and New York: Cambridge University Press.

Rosenthal, Franz

1968 *A History of Muslim Historiography*. Leiden: E. J. Brill.

Shayyal, Gamal el-Din El-

1962 Historiography in Egypt in the Nineteenth Century. In *Historians of the Middle East*, ed. Bernard Lewis and P. M. Holt, pp. 403-

421. London, New York and Tronto: Oxford University Press.
Simon, Róbert
2002 *Ibn Khaldūn: History as Science and the Patrimonial Empire*. trans. Klára Pogásta, Budapest: Akadémiai Kiadó.
Déroche, François
2005 *Islamc Codocology: An Introduction to the Study of Manuscripts in Arabic Script*. tr. Deke Dusinberre and David Radzinowicz. London: Al-Furqān Islamic Heritage Foundation.
The Encyclopaedia of Islam（New Edition）
1960-2009 ed. H. A. R. Gibb et al., Leiden: E. J. Brill. ［*EI2*］
The Encyclopaedia of Islam（Third Edition）.
2007- ed. Marc Gaborieau, et al., Leiden: E. J. Brill. ［*EI3*］

〈オンライン・アーカイヴス〉
『イバルの書』のブーラーク版印刷本（*Kitāb al-ʻibar wa dīwān al-mubtadaʼ wa al-khabar fi ayyām al-ʻArab wa al-ʻAjam wa al-Barbar wa man ʻāṣara-hum min dhawī al-sulṭān al-akbar*. ed. Naṣr al-Hūrīnī, 7vols. al-Qāhira: al-Maṭbaʻa al-Miṣrīya bi-l-Būlāq, 1867）は現在では稀覯本であるが、Google Books 等のオンライン・アーカイヴスから全巻が閲覧、ダウンロードが可能である。本書ではグーグル・ブックス（https://books.google.co.jp/）を使用した。またフランス国立図書館のオンライン・アーカイヴスである Gallica（https://gallica.bnf.fr/）では一部の写本も閲覧できる。

〈ウェブサイト〉
現地図書館については、以下のウェブサイトがある。
エジプト国立図書館（http://www.darelkotob.gov.eg/ar-eg/Pages/Home.aspx）
トルコ国内の図書館（https://www.yek.gov.tr/）

〈写本画像〉
Türkiye Yazma Eserler Kurumu Başkanlığı（Directorate of the Turkish Institute of Manuscripts）, Süleymaniye Yazma Eser Kütüphanesi, Damad İbrahim Paşa 00863 4a; Damad İbrahim Paşa 00868 3b-4a; Atıf Efendi 01936 VIIa; Yeni Cami 00888 1a.

関連年表

年号	エジプト・シリア	アナトリア	マグリブ・イベリア半島
643	アムル・ブン・アル＝アース、ナイル河東岸に軍営都市を建設	（東ローマ帝国）	
909			ファーティマ朝成立
969	ファーティマ朝、エジプトに遷都しカーヒラを建設		
1031			後ウマイヤ朝滅亡
1130			ムワッヒド朝成立
1169	アイユーブ朝成立		
12c 末頃			マリーン朝成立
1229			ハフス朝成立
1232			ナスル朝成立
1250	マムルーク朝成立		
1299		オスマン朝成立	
1326		オスマン朝、ブルサへ遷都	
1332			イブン・ハルドゥーン生まれる
1382	イブン・ハルドゥーン、エジプトへ移住		
14c 末	この頃、『イバルの書』が完成する		
1400 頃	ティムール、シリアへ侵攻		
1402		ティムール、アンカラの戦いでオスマン朝を破る	
1406	イブン・ハルドゥーン没		
1453		オスマン朝、コンスタンティノープルを征服し遷都	
1491			ナスル朝滅亡
1517	マムルーク朝滅亡、エジプトがオスマン朝支配下に置かれる		
17c 後半			アラウィー朝成立
1725		「序説」オスマン語訳はじまる	
1798	フランス皇帝ナポレオン、エジプトへ侵攻		
1805	ムハンマド・アリー、エジプト総督となる（ムハンマド・アリー朝の始まり）		
1858	ブーラーク版『イバルの書』刊行はじまる		
19c 末頃		「序説」オスマン語訳刊行はじまる	

あとがき

筆者は松下幸之助国際スカラシップの留学助成を頂き、2016年夏から2018年夏までのおよそ2年間をエジプトのカイロで過ごした。2011年に始まった「アラブの春」からおよそ5年、軍部が政権に返り咲いて2年余りが過ぎた頃である。表面的には平穏を取り戻したように見えたが、各所に配備された装甲車やバリケードの残骸は、抗議運動とその後の強制排除の激しさを物語っていた。政治情勢が筆者の研究調査に直接の影響を及ぼすことは少なかったが、通貨価値の変動は筆者の日常にも少なからず影響した。同時期に調査を開始したトルコでも経済不振は同様であり、欧米の相次ぐ経済制裁の影響を受けてトルコ・リラの価値は下落の一途を辿っていた。現地通貨が下落すると円の価値が相対的に上がるのではないかと思いきや、物価自体が変動するのでそうとも言い切れない。書籍や資料にかかる費用が短いスパンで乱高下する状況にはしばしば困惑させられた。しかし、COVID-19の世界的流行により現地調査が困難となった今になって振り返ると、現地に長期間滞在して調査に専念することができた日々がいかに貴重であったかが痛感される。

元々本書は、同時に執筆中の博士論文における写本研究から抜粋した内容とすることを想定していた。筆者は2019年にもトルコを訪れ、2020年にはモロッコでも調査を実施し、エジプト・トルコ・モロッコの三地域を視野に収めた写本研究という形にする計画であった。現地調査が続行不可能になったことで、この構想自体も大幅に変更せざるを得なくなり、本書はエジプトとトルコでの研究成果のみをまとめたものとなっている。

本書は、図書館での司書業務から官庁での文化財行政に至るまで、現地の各機関で史資料の維持管理に携わり、研究利用に多大な便宜を図って下さっている職員の方々に多くを負っている。なかでもエジプト国立図書館、アラブ連盟写本研究所、スレイマニイェ図書館、トプカプ宮殿図書館、バヤズィト図書館のスタッフの方々には、幾度となく押しかけてはあれこれと質問を浴びせ、大変に手を煩わせてしまった。また今回、貴重な写本画像の掲載を快く許可して下さったのはTürkiye Yazma Eserler Kurumu Başkanlığı（トルコ写本協会局）である。この場を借りて謝意を表したい。また、日本学術振興会カイロ研究連絡センターの深見奈緒子先生にも深く謝意を表したい。現地での困難な日々のなか、筆者を温かく見守って下さった同氏の存在がなければ本書の完成はあり得なかった。

最後に、貴重な留学の機会、その後のフォーラムでの報告から本書の執筆に至るまで、様々なご支援を頂いた松下幸之助記念志財団と委員の皆様、風響社の石井雅社長に厚く御礼を申し上げます。

著者紹介
荒井悠太（あらい　ゆうた）
1990年、茨城県生まれ。
早稲田大学大学院文学研究科後期博士課程。日本学術振興会特別研究員DC2。
主な関心は前近代アラビア語歴史叙述、イブン・ハルドゥーン研究。
主要論文に「歴史叙述におけるアサビーヤ――イブン・ハルドゥーン『実例』の分析」（『イスラム世界』87、2017年）、「イブン・ハルドゥーン著『実例』テクストに関する諸問題――スレイマニイェ図書館所蔵 Damad İbrahim Paşa 863-869の検討から」（史料研究、『東洋学報』第100巻2号、2018年）など。

或る中世写本の旅路　イブン・ハルドゥーン『イバルの書』の伝播
2021年10月15日　印刷
2021年10月25日　発行

著　者　荒井悠太
発行者　石井　雅
発行所　株式会社　風響社
東京都北区田端 4-14-9（〒114-0014）
Tel 03（3828）9249　振替 00110-0-553554
印刷　モリモト印刷

ISBN978-4-89489-297-2　C0022